법이란 무엇인가?

— 어느 법실증주의자가 쓴 법철학 입문 —

노베르트 회르스터 지음

윤　재　왕　옮김

세창출판사

이 도서의 국립중앙도서관 출판시도서목록(CIP)은 e-CIP 홈페이지
(http://www.nl.go.kr/ecip)에서 이용하실 수 있습니다.(CIP제어번호:
CIP2009001123)

❚ 차 례 ❚

1 | 서 론

　현대사회에서 살아가는 거의 모든 시민들은 법과 관련을 맺기 마련이다. 임대료를 내거나, 집을 짓거나, 운전을 하거나 세금을 납부하는 일 등 모두 법과 관련을 맺는 일이다. 이 모든 행위를 하면서 법을 감안하지 않을 수 없다. 하지만 과연 법이란 무엇인가?

　분명 법이 어디에서나 같은 내용을 갖고 있지는 않다. 영국에서는 좌측통행이 원칙이지만, 독일에서는 우측통행이 원칙이다. 스웨덴의 쇼득세율은 미국의 소득세율보다 훨씬 더 높다. 이에 반해 어떤 법은 어디에서나 똑같은 경우도 있다. 예를 들어 위에서 말한 나라들 어디서든 살인과 절도는 금지되어 있다.

　한 나라의 법을 체계적으로 분석하여 서술하고 또한 여러 나라들의 법의 공통점과 차이점을 연구하는 것은 **법학**의 과제이다. 하지만 이 책은 이와는 다른 측면을 과제로 삼는다. 즉, 이 책은 어떤 나라의 법이든 그리고 법이 어떤 내용을 담고 있든지 적어도 법인 이상 반드시 지닐 수밖에 없는 특성이 있는가 하는 물음을 대상으로 한다.

　우리가 특정한 현상을 "법"이라고 부를 수 있기 위해서는 이 현상이 정확히 어떠한 "성격"을 갖는 것이어야 할까? 법규범은 다른 규범과 어떤 점에서 차이가 있을까? 규범의 본질은 무엇인가? 하나의 법질서 또는 하나의 법규범이 법질서 또는 법규범

이라는 이름을 달기 위해서는 그 내용이 도덕적으로 의문의 여
지가 없는 것이어야 할까? 법이 어떤 윤리적 요청을 충족해야 한
다고 말할 때, 상호주관적으로 충분한 근거가 있는 윤리적 요청
이 과연 존재하는가? 그러한 근거를 제시하기 위해서는 "자연법"
의 형이상학적 전제를 필요로 하는 것일까? 어떠한 방법의 도움
을 빌어야 특정한 법규범이 하나의 구체적인 개별사례에 적용되
는지를 밝혀낼 수 있는가?

　　이 물음들은 **법철학**에서 제기되는 전형적인 물음에 속한다.
물론 다른 법학자나 법률실무가 또는 시민의 입장에서 법과 관
련을 맺을 때, 비록 깊이 성찰하지는 않았더라도 이런 물음들에
대해 막연하나마 나름의 답을 전제하고 있기 마련이다. 이 사람
들은 통상 법이라고 부르는 것이 실제로도 법이라고 여긴다. 또
한 법을 판단할 수 있는 어떤 윤리적 기준이 있고, 그런 기준들
은 충분한 근거가 있다고 생각하는 것이 일반적이다. 그리고 법
의 해석과 적용이 대개는 일반인도 충분히 납득할 수 있는 방식
을 거쳐 이루어진다고 본다.

　　법철학자의 과제는 법과 일상적인 관련을 맺을 때 사람들이
가정하고 있는 묵시적인 전제 자체를 주제로 삼는 일이다. 다시
말해 묵시적 전제를 명시적으로 문제 삼으면서, 그러한 전제들이
과연 타당한지를 검토하고, 필요하다면 전제를 수정할 수 있기
위해 이런저런 제안을 한다. 법철학자가 이러한 과제를 성공적으
로 수행하게 된다면, 법을 더 잘 이해하고 또한 법을 더 좋게 만
들어가는 데 기여하게 된다.

　　이 책에서는 한 사회 자체가 정의롭다고 하기 위해서는 어
떠한 구조를 갖추어야 하는가와 같은, 법윤리학에서 다루는 커다
란 규범적 물음을 다루지 않는다. 사회정의라는 주제는 아주 복
잡하기 때문에 이 책의 범위에서 벗어나 있다. 그렇기 때문에 이

복잡한 주제가 법철학보다는 사회철학에서 다루어지는 데에는 그만한 이유가 있다.

　오스트리아의 법학자 한스 켈젠(Hans Kelsen, 1881-1973)만큼 법철학의 근본문제를 자세하고도 명확하게 또한 단호한 입장을 취하면서 전개한 독일어권 법사상가는 없다. 이런 뜻에서 이 책의 부록에서는 켈젠의 「순수법학」의 핵심테제에 대한 상세한 서술과 그 비판을 다루었다.

　나는 영국의 법철학자 하트(H.L.A. Hart, 1907-1992)와의 여러 번에 걸친 만남을 줄곧 회상하면서 이 책을 썼다. 전 세계에 걸쳐 수용이 되고 있는 하트와 켈젠의 저작은 헤겔과 하이데거 그리고 하버마스의 나라인 독일에서는 별다른 반향을 얻지 못하고 있다. 그 이유는 하트와 켈젠의 저작에 나타난 가식 없는 명확성 때문일 것이다.

　나는 이 책의 독자들이 ―정치적 측면에서가 아니라― 우선은 철학적 측면에서 법이라는 현상에 관심을 갖는 사람들이면 좋겠다. 나의 오랫동안의 법과대학 교수생활에서 얻은 경험에 따르면 독일의 법학교수들 가운데는 그런 사람을 전혀 찾아볼 수 없었다.

　나의 대화상대였던 사강사 로타 프리츠 박사와 변호사인 토마스 프릿췌 박사의 비판적인 지적에 대해 감사의 인사를 전한다.

2 | 법의 강제적 성격

일반시민이든 법률가이든 우리가 법이라고 부르는 것들의 보기를 들어 보는 건 간단한 일이다. 예를 들어 물건을 산 사람은 약정한 금액을 지불해야 한다거나 물건을 훔친 사람은 형벌을 받아야 한다는 규범이 법에 속한다는 것은 자명한 일이다. 하지만 우리가 그 무엇인가를 법이나 법적 규율 또는 법규범이라고 부르기 위해서는 어떠한 조건이 충족되어 있어야 하는가를 보편적인 개념으로 정의하는 것은 단순히 보기를 드는 것과는 비교할 수 없을 정도로 어려운 일이다.

일단 가장 본질적인 조건으로 여겨지는 측면은 이런 것이다. 즉, 법규범은 특정한 행위를 하라는 명령, 규칙, 지침, 지시 또는 요구를 내용으로 한다는 것이다. 다시 말해 법은 예를 들어, 절도죄가 얼마나 빈발하는가와 같이 어떤 사실(ist)에 대해서가 아니라 절도죄를 저질러서는 안 된다는 당위(soll)에 대한 정보를 제공한다.

그렇지만 당위에 대한 정보를 제공하는 규범이라고 해서 모두 법규범인 것은 아니다. 예컨대 도덕규범이나 예의범절 또는 자식들에 대한 훈계도 규범이긴 하지만 법규범은 아니다. 그렇다면 법규범의 특수성은 무엇인가? 아마도 상당수 독자들은 "법규범이란 국가로부터 연원하는 규범이다"고 대답할 것이다. 이 대답이 완전히 틀린 것은 아니지만, 여러 관점에서 불완전하고 더 자세한 설명을 필요로 한다. 법규범의 본질이 정확히 어디에 자리잡고 있는지는 여기 제2장뿐만 아니라, 뒤의 다른 장에서도 설명을 하겠다.

하지만 법규범의 본질에 대해 설명하기에 앞서 먼저 "규범"이라는 **보편적** 개념에 대한 논의가 필요하다. 일단 일정한 행위를 하라는 요구는 그것이 어떠한 종류의 것이든 모두 규범에 포함된다는 식으로 규범의 개념을 이해해 보자. 예를 들어 "빨간 신호등일 때에는 도로를 건너서는 안 된다"(법규범), "약속했다면 이를 지켜야 한다"(도덕규범), "인사를 할 때에는 악수를 해야 한다"(예절규범) 등을 생각해 볼 수 있다.

이 규범들은 모두 명령 또는 금지라는 의미에서 특정한 행위요구를 내용으로 한다. 여기서 특정한 행위의 금지는 곧 그러한 행위를 하지 말라는 명령으로 이해할 수 있다. 예를 들어 절도금지는 절도를 하지 말라는 명령과 동일하다. 이 점에서 금지라는 표현을 전혀 사용하지 않고, 모두 명령으로 표현하는 것이 얼마든지 가능하다. 규범의 내용이 될 수 있는 허가의 경우에도 마찬가지이다. 예를 들어 추월을 할 목적일 경우에는 좌측차선을 이용할 수 있다는 허가는 우측통행에 관한 일반적 명령의 예외로서, 얼마든지 이 명령의 한 부분으로 통합시킬 수 있다. 즉 "추월을 목적으로 하지 않는 한, 우측통행을 해야 한다"는 명령으로 바꾸면 된다.

규범을 표현하기 위해서는 일상적으로 문장에 "반드시 해야 한다", "해도 좋다(할 수 있다)", "옳다", "그르다" 등과 같은 단어를 사용하기도 한다. 하지만 어느 경우이든 "당위"개념을 사용하여 그러한 문장들의 의미를 재구성하는 데에는 별다른 어려움이 없다.

규범이나 행위요구 또는 명령은 특정한 개인을 대상으로 할 수도 있고, 불특정 다수의 개인들을 대상으로 할 수도 있다. 첫 번째 종류의 규범은 예컨대, "갑은 을에게 100만원을 지급하여야 한다"는 법관의 판결이고, 두 번째 종류의 규범은 예컨대, "매수인은 매도인에게 약정한 매매대금을 지불해야 한다"는 법규정이다. 앞으로는 첫 번째 종류의 규범은 개별규범(Individualnorm)이라 부르고, 두 번째 종류의 규범은 사회규범(Sozialnorm)이라고 부르겠다. 이 점에서 법질서는 언제나 사회규범을 포함한다.

규범의 개념에 대해서는 일단 이 정도의 설명으로 만족하자. 규범과 규범의 당위적 성격에 대해서는 제5장에서 더 자세히 다루겠다. 그리고 법과 법적 규율의 영역에서 명령으로 이해되는 규범 이외에 이른바 수권(Ermächtigung)이라는 의미의 규범이 존재하고 또한 그러한 수권규범이 어떠한 역할을 하는지에 대해서는 제3장과 제4장에서 설명을 하도록 한다. 여기서는 어떠한 경우든 모든 법질서에서는 특정한 지역에 살고 있는 거주자들을 수범자로 하는 명령을 중심으로 한다는 사실을 확인하는 것이 중요하다.

인간의 공동생활이 국가에 의해 규율되는 한, 법규범은 언제나 국가를 그 연원으로 삼게 된다. 이 때 법규범은 특정한 종류의 강제, 즉 특히 국가가 정립하는 물리적 강제를 수반하고 있다고 보게 된다. 여기서 강제의 정립이란 강제를 행사하라는 일반적 지시 또는 강제를 행사할 수 있다는 일반적 위협뿐만 아니라, 구체적인 개인에게 강제를 행사하라고 지시하거나 구체적 개인에 대해 강제를 행사하는 것까지도 포함한다.

"매수인은 매도인에게 약정한 매매대금을 지불해야 한다"는 규범을 보기로 들어 보자. 이 규범은 한편으로는 국가가 제정한 법률(독일 민법 제433조)이라는 일반적 의미를 갖고, 다른 한편으로는 이 규정을 준수하지 않은 사람은 국가의 강제집행을 각오해야 한다는 구체적 의미도 갖는다.

하지만 법규범과 결부되어 있는 국가의 강제는 극히 다양한 성격을 가질 수 있다. 예를 들어 국가의 강제가 국민의 복리(건강과 안전)를 위한 예방조치(강제면역이나 도로폐쇄)일 수 있는가 하면, 명백히 ― 적어도 직접 강제를 당하는 국민의 입장에서는 ― 해악을 뜻하는 행위인 경우도 있다.

후자의 강제는 대개 제재, 즉 국가가 수범자에게 만일 법규범을 위반할 때에는 부과할 것이라고 위협하는 해악과 동일한 의미이다. 이러한 해악에는 법규범을 통해 국민에게 부과된 법의무를 국가가 강제적 방식을 빌어 관철하는 강제집행과 형벌이라고 부르는 국가형벌집행으로 나누어 볼 수 있다. 물론 두 종류의 제재가 함께 부과되는 경우도 있다. 예를 들어 물건을 훔친 사람에 대해 국가는 1. 훔친 물건을 원소유자에게 반환하거나 그에 대한 배상을 하도록 강제하고, 동시에 2. 국가에게 일정 금액을 지불하거나 일정 기간 동안 자유를 포기하도록 강제한다. 이렇게 하여 국민들 상호간의 법적 관계를 규율하는 민법의 규범과 형법의 규범이 그 요건과 효과에 비추어 서로 밀접하게 관련을 맺게 된다.

그러나 민법이나 형법의 단순한 규범인 경우라 할지라도 자세히 보면 법규범의 개념은 얼핏 생각한 것보다 훨씬 복잡하다는 것을 알 수 있다. 법규범을 근거로 국민에게 제재를 부과하는 주체는 어떤 의미에서는 "국가" 자체이긴 하다. 그렇지만 현실적으로 제재를 부과하는 자는 언제나 국가를 대표하는 사람(예를 들어 법관이나 집행공무원)이다. 이 점에서 특정 당사자에게 법을 위반한 국민을 제재하도록 지시하는 규범 역시 분명히 법규범이다.

아마도 이런 경우 우리는 두 가지 서로 다른 법규범과 관련을 맺고 있다고 보아야 할 것이다. 예를 들어 "절도를 해서는 안 된다"는 규범1과 함께 "절도범은 처벌해야 한다"는 규범2가 동시에 작용을 한다. 규범1이 국민, 즉 한 국가 내의 모든 사람을 수범자로 하는 반면, 규범2는 특정한 공직자, 즉 법관이나 집행공무원과 같은 국가의 직분담당자를 수범자로 한다. 이에 따라 규범과 관련된 제재 역시 각 경우마다 서로 다른 기능을 한다. 규범1에서는 수범자는 자신의 규범위반에 대해서는 제재가 부과되리라는 (최소한 간접적인) 위협을 받는다. 이에 반해 규범2에서 수범자는 자신 이외의 다른 개인에 대해 그의 규범위반에 대해 제재를 부과하라는 지시를 받는다.

규범2의 수범자인 공직자 자신이 그에게 제재를 하도록 지시하고 있는 규범을 위반할 때에는 다른 공직자로부터 제재를 받을 것이라고 위협을 당하는지 여부는 단정적으로 말하기 어렵다. 왜냐하면 공직자를 수범자로 하는 모든 명령규범이 제재를 위협하고 있지는 않기 때문이다. 이 점은 특히 국가원수와 같이 최고위직 공직자를 수범자로 하는 규범인 경우 특히 그렇다. 이렇게 볼 때, 모든 법규범은 규범위반에 대해 강제가 위협되고 있다는 의미에서 반드시 국가의 강제활동과 관련을 맺는다고 말할 수는 없다. 그렇긴 하지만 (공직자에 의한) 강제의 정립을 지시하고 있는 규범은 모두 법규범으로 보아야 한다.

법규범과 강제의 관계 역시 여러 가지 종류가 있을 수 있다. 물론 법규범은 언제나 국가에 의한 강제와 밀접한 관계가 있고, 이 강제는 대개 (형벌이나 강제집행과 같이) 제재의 성격을 띠는 것이 일반적이다. 하지만 어떤 법규범들은 강제를 위협하면서 일정한 행위를 하도록 지시하는 반면, 다른 법규범들은 (특히 공직자에게) 강제를 정립하라고 지시한다.

법규범과 강제의 관계를 앞에서 설명한 대로 파악하는 것에 대해 아무런 이견이 없다고 볼 수는 없다. 몇몇 저명한 법철학자들이 여러 가지 측면에서 양자의 관계를 다르게 파악해야 한다고 주장한 바 있었다. 이 가운데 특히 중대한 영향을 미친 것은 한스 켈젠이 제시한 대안이다. 물론 켈젠도 법규범과 강제 사이에 밀접한 관련이 있다고 본다. 하지만 그는 모든 독립된 법규범이 위에서 설명한 규범2의 유형에 속한다고 이해한다. 다시 말해 켈젠으로서는 공직자를 수범자로 하는 규범만이 원래의 의미의 규범에 해당한다고 한다. 따라서 규범의 내용은 언제나 국민에 대해 강제를 정립하는 것이라고 한다. 이는 결국 "타인의 물건을 훔쳐서는 안 된다"는 법규범은 실제로는 존재하지 않고, 단지 "절도범은 처벌해야 한다"는 법규범만이 존재한다는 것을 뜻한다. 절도 — 즉, 이미 실제로 행해진 절도행위 — 는 단순히 공직자에 의한 강제로서의 제재가 부과되어야 한다는 규범의 **전제조건**에 불과하다.[1]

법규범과 강제의 관계를 이렇게 파악하게 되면 양자의 관계가 더 이상 불확정적일 필요가 없다는 뚜렷한 장점이 있다. 오로지 한 가지 종류의 법규범만이 존재하기 때문이다. 이 경우 강제의 부과 및 강제의 집행이 곧 법규범의 **내용**일 뿐, 법규범 **위반**에 따른 결과가 아니다. 왜냐하면 국민을 수범자로 하는 법규범이 존재하지 않고, 따라서 국민이 위반할 수 있는 법규범 자체도 존재하지 않기 때문이다.

상당수의 법률조문에 실제로 나타나 있는 표현방식도 켈젠의 고찰방식에 부합하고 있는 것처럼 보일 수 있다. 예컨대 구체적인 가벌성을 규정하고 있는 독일형법의 조문을 보자. 절도를 대상으로 하고 있는 독일 형법 제242조에는 "절도를 해서는 안 된다"고 쓰여 있지 않고, 오히려 절도를 한 사람은 "처벌된다"고 간결하게 쓰여 있다. 물론 이 표현을 말 그대로 이해하여, 단순

---

[1] 이에 관해서는 Kelsen I, S. 56 참고.

히 사실을 서술하는 사회학적 설명으로 보아서는 안 된다. 사회
학적 설명은 규범적 당위 자체를 표현하지 않을 뿐만 아니라, 이
를 사실에 대한 서술로 보게 되면 이 언명은 명백히 거짓이다.
왜냐하면 절도죄의 경우 공식통계에 잡히지 않고, 따라서 처벌이
이루어지지 않는 사례가 훨씬 더 많기 때문이다. 따라서 독일 형
법 제242조에서 입법자가 의도한 내용은 의심의 여지없이 "절도
범은 처벌되어야 한다"는 당위이다(독일 형법과는 달리 오스트리아
형법은 명시적으로 "처벌되어야 한다"는 표현을 쓰고 있다). 이렇게
볼 때, 독일 형법 제242조의 법규범은 켈젠이 법규범의 내용으로
파악하고 있는 바를 정확히 반영하고 있다.

하지만 켈젠이 제시한 이해방식만이 독일 형법 제242조에
부합하는 유일한 내용에 불과한지에 관해 묻지 않을 수 없다. 나
는 켈젠의 견해가 거의 현실에 부합하지 않는다고 본다. 켈젠의
견해에 따르면 이 형벌규정은 결과적으로 국가는 관할 공직자에
게 절도를 처벌하라고 명령하지만, 국민에 대해 절도죄를 저지르
지 말라고 명령하지는 않는다는 식으로 재구성된다. 결국 국가는
이 형벌규정을 통해 국민들에게 절도죄를 저지를 때에는 처벌을
받을 개연성이 있다는 사정을 감안해야 할 것이라고 우회적으로
정보를 제공하는 것에 불과하다(절도의 경우 앞에서 말한 대로 처
벌을 받을 확률이 썩 높지 않다). 절도를 범하지 말라는 국민에 대
한 국가의 직접적 요구는 켈젠에 따르면 존재하지 않는다.[2]

이러한 켈젠의 견해는 현실과는 완전히 동떨어진 생각이다.
국민이 절도를 하는지 그렇지 않는지는 국가로서는 아무래도 상
관없는 문제가 아니다. 무엇보다 국가는 독일 형법 제242조의 규
정을 통해 직접 국민을 향해 절도를 금지한다고 말하고 있다. 물

---

2) 아래의 내용에 대해서는 켈젠에 대한 하트의 비판(Hart I, S. 35 ff.)도
참고.

2. 법의 강제적 성격 11

론 상당수의 국민들은 자신들의 행위와 관련하여 오로지 국가가 위협하고 있는 강제의 관점에서만 국가의 금지를 고려한다고 볼 수도 있다. 그런 **국민들의** 관점에서 금지규범은 실제로 켈젠이 말하듯이 어떤 행위를 했을 때 발생할 수도 있는 불이익에 대한 유용한 정보를 뜻할 것이다.

그렇다고 할지라도 법규범을 제정하는 사람의 입장에서는 특정한 행위를 명령함으로써 필연적으로 국민을 그 **수범자**로 여길 수밖에 없다. 이 점은 많은 경우 입법자 자신이 특정한 행위를 (가벌성이 있을 때) 명시적으로 "위법"이라고 규정하고(예컨대 독일 형법 제11조 제1항 제5호[3]), 특히 경찰에게 문제의 행위를 물리력을 동원하여 사전에 차단할 권리까지 부여한다는 사실에서도 분명히 알 수 있다.

따라서 공직자를 수범자로 하여 제재를 부과하도록 명령하는 법규범은 실제로는 2차적이고 보조적인 기능만을 갖는다. 이 규범은 국민을 대상으로 하는 1차적 법규범이 그 목표를 달성하지 못했을 때 비로소 적용될 뿐이다. 따라서 2차적 법규범(제재규범)의 유일한 의미는 이 규범의 성립과 함께 작용하는 위하효과를 통해 **모든** 국민이 1차적 법규범을 **최대한** 준수하도록 하는 데 있다.

이런 모든 사정을 감안해 볼 때, 절도죄에 관한 독일 형법 제242조와 같은 법규정은 ―그 문법적 표현방식과는 관계없이 모든 사람들이 통상적으로 이해하고 있는 바와 마찬가지로― 사실상 두 종류의 수범자를 대상으로 하는 두 가지 법규범으로 성립하고 있다고 보아야 한다. 즉, 하나는 "절도를 하지 말라"는 규범이고, 다른 하나는 "절도는 처벌되어야 한다"는 규범이다. 여

---

3) "본 법률에서 위법한 행위란 형벌법규의 구성요건을 실현한 행위만을 말한다."(옮긴이)

기서 첫 번째 규범은 공직자도 대상으로 한다. 공직자 역시 국민이기 때문이다.

이렇게 본다면, 두 번째 규범이 국민에 대해 제재를 위협함으로써 사실상 첫 번째 규범이 법규범의 성격을 갖기 위한 조건이 된다고 볼 수 있다. 왜냐하면 명시적이든 묵시적이든 국가가 강제를 위협하지 않은 채 국민에게 어떤 요구를 한다면, 설령 그러한 경우가 실제로 법률에 등장한다고 할지라도 이는 결코 온전한 의미의 법규범이라고 할 수 없기 때문이다.

켈젠은 법규범에 관한 자신의 통일적 구상을 견지하기 위해 결과적으로 공직자를 대상으로 하는 두 번째 규범이 갖는 의미를 과장하게 된다. 즉, 두 번째 규범에 대해 보조적인 기능만을 인정하는 것이 아니라, 이를 고찰의 중심으로 옮겨 놓았다.

이러한 구상이 얼마나 현실과 동떨어져 있는지는 다음과 같은 사정을 고려해 보면 잘 이해할 수 있다. 이미 말한 대로 제재는 국가가 국민에 대해 특정한 조건하에 부과하는 해악 가운데 유일한 해악이 아니다. 예를 들어 국민은 소득이 있는 한 국가에 세금을 납부해야 한다. 세금은 제재가 아니며, 규범위반에 대한 강제도 아니지만, ― 절도죄에 따른 벌금형과 마찬가지로 ― 법규범에 따라 공직자(조세공무원)에 의해 국민에 대해 강제로 부과될 수 있는 해악이다. 벌금형이든 세금이든 어느 경우나 하나의 법규범이 일정한 조건하에 국민에 대해 금전의 납부를 요구하도록 공직자에게 지시하고 있다는 점에서는 마찬가지이다. 물론 세금과 벌금형의 명백한 차이점은 세금의 경우 금전납부 요구는 범죄와 같이 국가가 원하지 않는 행동과 아무런 관련도 없다는 사실이다. 즉, 국가가 세금납부를 요구한다고 해서 국가가 국민들로 하여금 돈 버는 일을 하지 말라고 하는 것이 아니다.

그렇다면 법규범의 본질에 대한 켈젠의 구상에 따른다면 벌금형과 세금 사이의 이 명확한 차이를 어떻게 설명할 수 있겠는가? 아마도 전혀 이해가 불가능할 것이다. 왜냐하면 절도죄를 근거로 국가가 금전의 납부를 요구하는 경우에도 켈젠의 구상에서는 공직자에게 국민에 대해 금전의 납부를 강제하도록 지시하는 한 가지 종류의 법규범만이 존재하기 때문이다. 이미 설명한 대로 켈젠의 구상에 따른다면 절도행위 자체는 공직자에 대한 지시에 연결되어 있는 필요조건일 따름이다. 다시 말해 형벌이라는 해악의 조건이 되는 절도행위는 세금이라는 해악의 조건이 되는 소득활동과 거의 같은 차원에 속하게 되는 상당히 우스꽝스런 결론에 도달하고 만다.

이러한 결론을 피할 수 있는 유일한 가능성은 절도의 경우에는 ― 돈을 버는 행위와는 달리 ― 공직자를 대상으로 하는 법규범 이외에 국민을 대상으로 하는 또 다른 법규범이 존재한다는 점에서 출발함으로써 절도죄를 근거로 국가가 금전지급을 요구하는 것은 형벌, 즉 진정한 의미의 제재로 파악하는 것이다.

3 | 법적 수권규범

　　법규범의 본질에 관하여 앞에서 내가 주장한 견해에 대한 또 다른 대안은 어떤 의미에서는 켈젠의 견해와는 정반대되는 것이다. 이미 살펴보았듯이 켈젠은 모든 법규범을 규범과 국가의 강제 사이의 연관성이라는 단 하나의 종류에 국한시켜 이해하려고 하는 반면, 이제 논의하게 될 대안은 **명령규범**인 법규범 말고도 강제가 전혀 수반되지 않는 완전히 다른 유형의 법규범이 존재한다고 말한다. 우리는 그러한 법규범을 **수권규범**이라고 부를 수 있다.

　　이와 관련해서는 두 가지 종류의 수권규범을 구별할 필요가 있다. 이 두 가지를 이하에서는 각각 **일반적 수권규범**과 **내재적 수권규범**이라고 부르도록 하겠다. 일반적 수권규범은 모든 국민을 수범자로 할 수 있는 반면, 내재적 수권규범은 오로지 공직자만을 수범자로 한다. 여기서는 우선 일반적 수권규범에 대해 논의를 하고, 내재적 수권규범에 관해서는 제4장에서 다루겠다.

　　다음과 같은 보기를 들어 보자. 독일 민법 제873조에 따르면 부동산 매매계약은 계약당사자들이 일정한 형식규정을 준수할 때에만 법적인 효력을 갖는다. 이 법규정은 일단 법규범이라고 볼 수 있다. 하지만 법규범에 관한 위의 설명에 비추어 이 법규정을 어떻게 이해해야 할까? 이 규정이 직접 국민을 대상으로 한다는 점은 명백하다. 그렇지만 이 규정의 준수를 위해 하등 국가적 강제나 제재를 규정하고 있지는 않다. 즉, 어느 누구도 자신의 의사에 반하여 이 규범을 준수하도록 강요받지 않는다. 부동산소유자인 내가 내 부동산을 팔지 않겠다고 결정하는 것은 전적으로 나의 자유다. 또한 ― 이 점을 간과해서는 안 된다 ― 독일 민법 제873조의 형식규정을 준수하지 않는 매매계약을 체결하는 것 역시 나의 자유다. 다만 형식규정을 준수하지 않을 때에는 매매약정이 법적 효력이 없다는 사실을 감수해야 한다. 즉, 계약을 체결하긴 했지만 독일 민법 제873조를 준수하지 않았다면, 나는 법적으로 볼 때 계약체결 이전과 동일한 상황에 있다. 그러나 이에 비해 내가 독일 형법 제242조(절도)를 준수하지 않았다면, 그 이후의 나의 상황은 그 이전과 같지 않다.

물론 법적으로 유효한 매매계약을 체결하지 않았다는 사실이 사정에 따라서는 내게 해악을 뜻할 수도 있다. 하지만 이 해악은 국가의 형사제재라는 해악과 같은 반열에 놓일 수는 없다. 모든 사람들이 정상적인 조건이라면 해악으로 여기는 형사제재는 국가가 의식적으로 해악으로 부과하게 된다. 그러나 내 부동산에 대한 법적으로 유효한 매매계약이 성립하지 않았다는 사실은 내가 그 계약의 성립에 진짜로 관심이 있을 때에만 해악이 될 수 있다. 설령 그렇다 할지라도 내가 무효의 계약을 체결한 이후, 다시 이번에는 유효한 계약을 체결하면 그만이다. 심지어 두 번째 계약이 첫 번째보다 내게 훨씬 더 유리한 조건이어서 첫 번째 계약이 무효인 것에 대해 기뻐하는 상황이 올 수도 있다. 하지만 이 모든 사정은 국가로서는 하등 관심의 대상이 되지 않는다.

이 모든 점을 감안해 볼 때, 독일 민법 제873조의 경우는 위에서 내가 주장한 법규범에 관한 이해에 잘 들어맞지 않는 법규범이라 보아야 할 것 같다. 실제로 하트는 이러한 법규범은 국민에게 어떤 강제를 예상하게 하는 경우가 아니라, 국민에게 자신의 법적 지위를 **변경**할 수 있는 권한을 부여하는 경우라고 생각한다. 예를 들어 국민은 유효한 계약을 체결함으로써 (금전지불에 대한 청구권과 같이) 일정한 법적 청구권을 확보할 수 있게 된다.[4]

법질서에는 일반적으로 독일 민법 제873조와 아주 유사한 기능을 하는 여러 가지 법규정이 담겨 있다는 사실은 쉽게 알수 있다. 예를 들어 혼인을 하거나 법적으로 유효한 유언을 하기 위해 지켜야 할 형식규정들이 그러한 경우에 속한다. 더욱이 그러한 법규정들이 항상 형식적 조건만을 확정하는 것은 아니며, 때로는 내용적인 전제를 충족하도록 규율하기도 한다. 예를 들어 독일 민법에 따르면 만 16세 이하의 사람은 유효한 유언을 할수 없으며, 형제자매와는 유효한 혼인을 할 수 없다.

이 모든 경우에 법규범은 국민에게 특정한 전제하에 기존의 법상태를 변경할 수 있는 가능성을 부여한다. 즉, 국민은 자신이나 타인(예컨대 배우자나 상속인)과 관련하여 원래의 상태와 다른, **새로운 법적 지위를 확보**하도록 할 수 있다. 그렇다면 우리는 하트가 제안한 대로 국가의 강제와 밀접한 관련을 맺는 두 가지 유형의 법규범 이외에 국가의 강제가 아무런 역할도 하지 않는 **일반적 수권규범**을 세 번째 유형의 법규범으로 인정하고, 이를 법규범의 본질에 관한 우리의 법이론적 구상에 포함시켜야 하는가? 이는 충분히 가능한 입장이긴 하지만, 나는 반드시 그래야 할 필요는 없다고 '생각한다.

내가 다른 도시로 이사를 가기 때문에 내 소유의 주말농장을 친구에게 양도하기로 하고, 이 친구가 몇 달 내로 일정 금액을 지불한다는 구두약정을 체결했다고 가정해 보자. 이 약정은

---

4) 자세히는 Hart I, S. 37 ff. 참고.

앞에서 언급한 독일 민법 제873조에 비추어 볼 때 **법적 효력**이 없다. 그렇지만 이 약정은 나와 나의 친구가 서로 약속을 했다는 의미에서 **도덕적 구속력**을 갖는다. 이 상황에서 우리는 다음가 같은 두 가지 방식으로 이 문제를 처리할 수 있다. 첫째, 서로를 신뢰하면서 소유권양도라는 (등기와 같은) 형식적 행위를 할 때까지 계속 구두약정을 지키는 방법. 둘째, 구두약정과는 별개로 독일 민법 제873조의 요건을 충족하는 계약을 체결하는 방법.

이 두 가지 방법 사이에는 과연 어떠한 차이가 있는가? 아마도 양자의 차이는 단지 다음과 같은 점일 뿐인 것 같다. 즉, 만일 우리가 추가로 법적으로 유효한 계약을 체결한다면, 우리 둘은 친구 사이의 약속을 지켜야 한다는 도덕적 요구를 넘어서서 불가피한 경우에는 법정소송을 통해 관철할 수도 있는 법적 청구권까지 갖게 된다. 그렇다면 독일 민법 제873조는 어떠한 기능을 하는가? 이 법규정의 기능은 오로지 각 계약당사자가 — 불가피한 경우에 — 상대방에게 국가의 강제가 행사되도록 할 때 필요한 요건을 확정하는 것일 뿐이다.

따라서 독일 민법 제873조는 현실적으로 단지 **겉으로만** 독립된 규범인 것처럼 보일 뿐이다. 그 실제적 기능에 비추어 볼 때, 이 법규정은 국가의 강제를 규정하고 있는 다른 법규정에 종속된 한 부분이다. 왜냐하면 제873조를 준수한다는 것은 도덕적 구속력을 갖는 약정에 국가의 강제와 제재의 가능성을 추가한다는 것 말고는 그 이상의 의미가 없기 때문이다.

주말농장의 처분과 관련된 이 사례는 물건을 산 사람이 법규범을 통해 약정한 매매대금을 지급하도록 국가의 강제에 의한 위협을 받는 아주 단순한 사례와 아무런 차이가 없다. 이 때에도 법규범은 매매계약이 유효하게 성립할 것을 전제로 한다. 다만 두 번째 사례에서는 유효한 매매계약이 성립하기 위한 요건이 구두약정이나 이른바 "거래관행"만으로 충족되는 반면, 부동산매매에 관한 첫 번째 사례에서는 별도의 법규정에 근거하여 서면형식과 기타 요식이 충족되어야만 유효한 계약이 성립한다는 차이가 있을 뿐이다.

국민들로 하여금 자신의 법적 지위를 변경할 가능성을 부여하는 다른 모든 법규정들 역시 독일 민법 제873조와 똑같이 이해할 수 있다. 이들 법규정은 법질서 내에서 독자적 위치를 갖고 있는 것이 아니라, 국가의 강제와 결부되어 있는, 본래적인 법규범이 적용되기 위해 필요한 조건을 확정하고 있다. 예컨대 유효한 유언에 따라 상속을 받은 사람은 상속재산에 포함되어 있는 그림을 점유하고 있는 다른 사람에게 이 그림을 반환할 것을 — 필요하다면 국가의 강제를 통해 — 요구할 수 있다. 또한 법적으로 유효하게 혼인한 사람이라면 소송을 통해 배우자에게 부양청구권을 행사할 수 있으며, 경우에 따라서는 국가에 대해 세금감면을 요구할 수도 있다.

그렇기 때문에 나는 수권규범을 **비독립적**(종속적) 법규범이라고 부르더라도 아무런 문제가 없다고 생각한다. 물론 이 용어를 사용할 것인지 여부보다는 일반적 수권규범이 어떠한 기능을 하는가에 대한 다음과 같은 인식이 더 중요하다. 즉, 1. 일반적 수권규범은 명령규범이 아니며, **직접** 강제와 결부되어 있지 않다. 2. 그렇지만 일반적 수권규범은 수범자에게 자신의 법적 지위를 변경할 권한을 부여하기 때문에 수범자로서는 아주 중요한 의미가 있다. 3. 일반적 수권규범은 명령규범이 이를 준용함으로써 결정적인 의미를 갖게 된다. 다시 말해 종속적인 수권규범은 독립된 명령규범을 통해 **간접적으로** 국가의 강제와 결합하게 된다.

4 | 법질서의 토대

　지금까지의 서술에 비추어 볼 때, 법규범(독립된 법규범이라는 의미에서)이란 국가의 강제와 결부되어 있는 규범이라고 파악하는 우리의 개념정의에 별다른 이견이 있을 수 없다. 하지만 앞으로 보게 되듯이, 이 개념정의에 대해서는 훨씬 더 자세한 설명이 필요하다. 무엇보다 이 개념정의에 따를 경우 공직자로 하여금 강제를 위협하거나 또는 강제를 관철하도록 만드는 국가라고 말하고 있기 때문에, 이 개념정의는 국가의 개념도 전제하고 있는 셈이다. 그렇다면 과연 국가란 무엇인가?

　국가는 총을 들이대면서 은행직원에게 돈을 내놓으라고 강요하는 강도, 즉 국가와 마찬가지로 물리적 강제를 위협하고 때로는 이를 행사하기까지 하는 강도와 어떻게 구별되는가. 이미 살펴본 바와 같이,[5] 실제로 국가의 강제를 정립하는 공직자 역시 사람이다. 그렇다면 국가 공직자의 강제와 강도의 강제 사이에는 어떠한 차이가 있을까?

　이 물음에 답하는 것은 썩 어려운 일이 아니다. 무엇보다 누가 국가 공직자인지 그리고 이들에게 어느 경우에 강제를 행사할 수 있는지를 규정하고 있는 법규범이 있기 때문이다(다시 말해 모든 공직자들이 아무렇게나 국가의 강제력을 행사할 수 있는 것이

---

5) 앞의 7면 이하.

아니다). 이미 살펴보았듯이 법규범이 국가의 강제와 결합되는 때에는 반드시 특정한 사람에게 강제를 정립하도록 지시하는 방식을 취한다. 예를 들어 법규범은 특정한 사람에게만 세금을 징수하거나 범죄인에 대해 유죄판결을 내리거나 또는 유죄판결을 받은 자를 감옥에 가두도록 지시한다. 하지만 이러한 법규범이 법규범이 되는 근거는 어디에 있는가? 무엇보다 강제를 지시하는 법규범이 다시 국회의원과 같은 다른 공직자들(이른바 입법부)에 의해 제정·공포되기 때문이다. 적어도 제정법으로서의 성격을 가진 모든 법규범은 이러한 의미로 이해할 수 있다.[6] 이하에서 법규범이라고 할 때에는 헌법이 아닌 한, 모두 제정법규범을 말한다.

그렇지만 어떤 사람이 국가의 입법부를 구성하는지는 누가 결정하는가? 이 역시 법규범들에 의해 규정되는 것이 보통이다. 그러한 규범들은 아주 폭넓은 영향을 미치며, 일반적으로 한 국가의 (성문 또는 불문) 헌법을 형성한다. 이렇게 볼 때, 한 법질서에 속하는 규범들은 상하의 **단계구조**를 이루고 있는 개개의 부분들이다.[7] 하지만 헌법은 이 단계구조에서 특별한 의미가 있다. 왜냐하면 헌법의 내용이 되는 법규범은 **최상위** 단계의 규범이며, **여타의 모든** 법규범이 유효하게 제정되기 위한 전제조건을 확정하고 있기 때문이다. 따라서 국가의 모든 법적 강제질서의 토대는 헌법의 법규범이다. 이와 관련해서는 다음과 같은 두 가지 물음을 제기해 볼 수 있다.

1 **헌법규범**의 법적 성격은 어디에 근거하는가? 분명 헌법규범이 다시 이보다 더 높은 단계의 법규범에 근거하고 있지는

---

6) 이와는 다른 성격을 갖는 관습법에 대해서는 뒤의 78면 이하 참고.
7) 법질서의 단계구조에 대한 상세하고도 명쾌한 설명은 Kelsen I, S. 228 ff. 참고.

않다. 그 이유는 이렇다. 첫째, 헌법보다 더 높은 법규범은 현실에서 찾아볼 수 없다. 둘째, 법의 효력근거가 되는 상위의 규범을 찾으려는 작업은 어느 지점에선가는 중단되지 않을 수 없다. 그렇지 않으면 끝없는 순환에 빠지게 되기 때문이다. 그렇다면 더 이상 다른 법규범으로부터 도출될 수 없는 최상위의 법규범으로서 여타의 모든 파생된 법규범의 필연적 토대를 형성하며, 한 국가의 전체 법규범을 서로 관련성을 맺는 통일된 **법질서**로 부를 수 있도록 만드는 헌법규범의 법적 성격은 어디에 근거하는가?

2 이러한 헌법규범은 예컨대 뚜렷한 위계질서에 따라 조직된 마피아집단 내에서 최고의 규범 제정권에 입각한 규범과 어떻게 구별되는가? 마피아집단에서도 명백히 특정한 (성문 또는 불문의) 규범에 근거하여 특정한 사람(국가의 경우 국회의원과 비슷한 지위)에게 조직의 하부 구성원들("공직자")과 조직에 복종하는 다른 일반인을 대상으로 하는 자질구레한 규범을 제정할 수 있는 권한이 부여된다. 그런데도 우리는 마피아집단의 규범질서를 법질서라고 부르지는 않는다. 왜 그럴까?

<**물음 1에 대하여**> 여타의 모든 파생된 규범들이 법규범으로서의 성격을 갖게 만드는 헌법규범은 그 자체 다시 다른 상위의 규범으로부터 도출이 가능하지 **않음**에도 진정한 법규범으로 여겨지는 이유는 무엇인가? 이 물음에 답하기 위해서는 여러 가지 측면을 깊이 생각해 보아야 한다.

우선 통상의 법규범을 법률의 형태로 제정하면서 헌법규범을 그 지침으로 삼는 특정한 사람들이 실제로 존재한다는 사실을 확인할 수 있다. 이 사람들은 자신들의 활동에 대해 헌법으로부터 명시적으로 권한을 부여받을 뿐만 아니라, 기본적으로 헌법이 법률제정과 관련하여 규정하고 있는 전제조건을 준수한다. 그

렇다면 이 사람들이 준수하는 규범들이 왜 한 법질서의 헌법을 형성하는 것일까?

어떤 개혁정당의 당원들이 전당대회에서 "더 좋은 새 헌법"을 만들기로 결의하고, 이 결의에 따라 새로운 헌법을 제시했다고 가정해 보자. 그렇다고 해서 이 헌법안이 법적 성격을 갖는 것은 아니며, 또한 이 헌법안에 의거하여 규범을 제정했다고 할지라도 그것이 법규범이 되지는 않는다는 것은 분명하다. 왜냐하면 이 헌법안에는 법질서와 그 헌법의 본질적 요소가 빠져 있기 때문이다. 그러한 본질적 요소는 과연 무엇일까?

앞에서 본 대로[8] 우리가 일상에서 접하는 법규범은 물리적 강제, 특히 제재와 밀접한 관련을 맺고 있다. 즉, 국민은 강제의 위협하에 특정한 행위를 하도록 요구받거나, 공직자는 국민에 대해 강제를 정립하라는 지시를 받는다. 여기서 국민에 대해 강제를 위협하는 법은 당연히 공직자가 자신들이 법을 통해 지시받은 내용을 실제로 — 적어도 대부분의 경우에 — 따를 때에만 현실적인 법규범이 될 수 있다. 그렇다면 공직자들은 왜 그러한 지시에 따르는 것일까?

앞에서 이미 설명한 것처럼 공직자를 수범자로 하는 법규범의 경우, 제재를 부과하도록 하는 법규범을 공직자 스스로 위반한 때에는 — 제재규범을 위반한 시민의 경우와는 달리 — 반드시 그에 대한 제재를 부과하도록 위협하지 않는다. 물론 만일 공직자가 일정한 제재 — 이 경우 제재는 규범을 위반한 시민에 대해 일정한 제재를 가할 의무를 뜻한다 — 를 가할 의무를 위반할 때에는 그에 대해 제재를 가한다고 규정하는 경우라면 공직자는 국민의 규범위반에 대해 반드시 제재를 부과해야 할 것이다. 그

---

8) 6면 이하.

4. 법질서의 토대 23

렇지만 일반적으로 공직자가 당연히 헌법에 따라 행위할 것이라고 생각할 수 있는 이유, 다시 말해 헌법에 따라 공직자에게 부과된 강제행위 정립의무를 이를 위반할 경우에 부과될지도 모를 제재에 대한 두려움이 없는데도 준수하리라고 생각할 수 있는 이유는 무엇일까?

이 물음에 대한 대답이야말로 법질서의 토대인 헌법을 이해하기 위한 결정적인 열쇠가 된다. 그 답은 이렇다. 즉, 공직자(최소한 고위직에 있는 다수의 공직자)들이 확신을 갖고 헌법을 법질서의 토대로 인정하기 때문에 헌법에 따라 행동하는 것이다. 더자세히 말하면, 공직자들은 헌법과의 일체감을 형성하여 이를 자발적으로 승인하며, 헌법에 합치하여 제정된 규범이 지시한 대로행위할 때 그러한 규범 자체만으로 자신들의 행위의 절대적 근거가 될 뿐, (제재에 대한 공포와 같은) 또 다른 근거를 필요로 하지 않는다는 사실이다.[9]

이렇게 보면 헌법규범의 법적 성격은 이 헌법규범에 따라 국민들에 대해 강제를 정립하도록 요구받는 사람들이 이 규범을 실제로 인정하고 또한 이를 기본적으로 준수한다는 사실에 근거한다. 즉, 한 법질서의 최고규범인 헌법을 이 규범을 통해 임명된공직자들이 인정하기 때문에 이 최고규범 자체와 이로부터 파생되는 다른 일반적 규범들이 하나의 통일된 법질서에 속하는 법규범이 된다. 여타의 모든 법규범이 헌법에 근거하는 반면, 헌법의 법규범은 이를 헌법으로 인정하는 공직자들의 태도에 그 근거를 두고 있는 것이다. 따라서 강제를 정립하는 공직자들이 헌법을 인정하는 것이 곧 국가와 법질서의 궁극적인 규범적 기초이다.

<물음 2에 대하여>   하지만 마피아조직의 예가 뚜렷이 보

---

9) 모든 종류의 규범에 대한 인정에 관해서는 Hoerster I, S. 50 ff. 특히 수권규범의 인정에 관해서는 뒤의 61면 이하 참고.

여주듯이 공직자가 헌법을 인정하는 것만으로는 법질서를 구성하는 데 충분하다고 볼 수 없다. 왜냐하면 그런 식으로 생각한다면 마피아조직의 중간보스들이 대부의 명령 — 이는 마피아조직의 헌법이라고 불러도 좋다 — 을 인정하는 것만으로도 **법질서의 토대**가 마련되었다고 말할 수밖에 없게 될 것이기 때문이다. 우리는 이 두 가지 경우가 어떻게 다른가에 대한 대답을 찾아야 한다. 우리가 지금까지 법규범이 존재하기 위해 본질적 요소라고 한 내용들은 마피아조직도 — 적어도 그 조직이 어느 정도 실효성을 갖고 있는 한 — 모두 충족하고 있다(의문이 가는 독자는 이 장에서 설명한 내용을 꼼꼼히 살펴보기 바란다). 그렇다면 법질서나 국가가 마피아조직과 다른 점은 무엇인가?

상당수의 독자들은 아마도 마피아조직과 그 규범이 **부도덕하**다는 점에서 그러한 차이를 발견해야 한다고 생각할 것이다. 하지만 이 대답 역시 커다란 설득력이 없다. 전 세계의 상당수 국가와 정권은 마피아조직보다 더 심각한 정도로 부도덕하다. 그런데도 이들 국가와 법질서는 대부분 국제적 승인을 누리고 있다. 이 문제에 대해서는 법개념과 관련하여 도덕중립적인 입장을 견지해야 한다는 주장을 펼치게 될 제8장에서 더 자세히 다루도록 한다. 아무튼 국가 및 법질서를 마피아조직과 구별하기 위한 요소는 결코 도덕적인 측면에서 찾아서는 안 된다. 양자를 구별하는 것은 오히려 순전히 **권력**이라는 요소이다.

그 이유는 다음과 같다. 일반적 언어사용에 따르면 일정한 지리적 영역 내에서 사실상으로 주권을 행사하며 권력을 독점하고 있는 조직만이 국가 또는 법질서의 고찰대상이 된다. 다시 말해 한 지역 내에서 다른 조직, 집단 또는 개인과 갈등을 빚을 때, 이들에 대해 **물리적 강제**를 실제로 관철시킬 수 있는 조직만이 국가가 될 수 있다. 즉, 하나의 법질서는 이 법질서가 적용되

4. 법질서의 토대 25

는 지역(영토) 내에서 전반적으로 **실효성**을 갖고 있어야만, 법질
서라고 부를 수 있다.

통상의 마피아조직은 이러한 조건을 충족하지 못한다. 왜냐
하면 영화에서도 볼 수 있듯이, 마피아 조직원이 국가의 공직자
와 그 강제기구와 노골적인 갈등관계에 놓이게 되는 경우 대부
분은 국가권력에 복종하지 않을 수 없게 되기 때문이다. 물론 어
떤 지역(예를 들어 이탈리아의 시칠리아)에서는 마피아조직이 사실
상 국가권력을 완전히 장악하게 되어, 거꾸로 공직자나 그 강제
기구가 마피아에 복속하게 되는 경우도 있다. 그 정도가 심해지
게 되면 우리는 그 지역에 **새로운 법질서**, 즉 하나의 마피아국가
가 탄생했다고 말할 수밖에 없게 된다.

이는 결국 다음과 같은 사실을 의미한다. 즉, **전체주의가** 지
배하는 법질서일지라도 단순히 저항세력이 민주적 헌법을 수없이
종이 위에 기록하고 정권의 전복을 기도한다고 해서 이 전체주
의 법질서의 법적 성격이 상실되지는 않는다는 사실이다. 마피아
조직의 경우와 마찬가지로 이 경우에도 실제적인 지배권력이라는
사실적인 상황, 즉 물리적 강제를 성공적으로 관철할 수 있는 규
범질서의 **실효성**만이 법질서의 존재를 확인하는 기준이 된다.

우리가 현실적으로 하나의 법질서가 존재한다고 말하기 위
해서는 위에서 설명한 두 가지 조건이 충족되어야 한다. 첫째,
물리적 강제력을 갖춘 규범질서가 특정한 지역 내에서 전반적으
로 관철가능(실효성)해야 한다. 둘째, 문제의 강제를 지시하거나
부과하는 사람들, 즉 권력을 보유 및 행사하는 사람들이 자신들
에게 강제를 정립할 권한을 부여하고 있는 최고규범(헌법)을 준수
해야 한다.

법질서가 되기 위해 충족해야 할 결정적인 요건은 **실효성**이
라는 사실적인 요건이다. 그렇다고 해서 **인정** ― 즉 강제를 정립

하는 사람들이 헌법을 인정하는 것 — 이라는 규범적 요건은 상황
에 따라 포기해도 좋다고 생각해서는 안 된다. 하나의 법질서를
올바로 이해하기 위해서는, 왜 그렇게 생각해서는 안 되는지를
인식하는 것이 아주 중요하다.[10]

그 이유는 다음과 같다. 현실적으로 앞에서 말한 형태의 인
정이 동시에 존재하지 않고서는 실효성이 있는 법질서 역시 존
재할 수 없다. 왜냐하면 어떠한 국가지도자나 어떠한 입법자도
— 그 정치체계가 어떠한 종류인지 상관없이 — 그들이 임명한 공
직자들 대부분이 자발적으로 그 권위를 인정하여 지시한 바를
준수하고 또한 국민들에 대해 이를 관철하지 않는다면, 안정된
질서 속에서 자신들의 명령이 성공적으로 수행되는 상태를 보장
할 수 없기 때문이다.

이는 독재체제이든 민주주의이든 모두 마찬가지이다. 히틀러
역시 그에게 충성하는 다수의 인간들이 권력을 뒷받침하지 않았
다면 그의 폭압적인 국가 및 법질서를 그렇게 오랫동안 유지할
수 없었을 것이다. 물론 상황에 따라서는 한 독재자가 다수 국민
의 의사에 반하여 성공적으로 집권할 수는 있다. 하지만 어떠한
독재자도 자신의 명령을 체제 내에서 실현하고 국민에 대해 강
제를 행사하게 되는 사법관료 및 행정관료 대다수의 의사에 반
하여 장기적으로 집권할 수는 없다.

국민들에 대해 법질서의 강제를 정립하는(즉, 강제를 규율하고
부과하는) 공직자들 모두 또는 거의 모두가 오로지 자신들이 명
령받은 대로 강제를 정립하지 않을 경우 국가의 제재를 받을 것
이라는 공포 때문에 명령을 이행한다면, 그러한 질서 역시 오래
유지될 수 없다. 왜냐하면 독재자 혼자서 이 공직자들에게 제재

---

10) 아래의 내용에 대한 상세한 논의는 Hart I, 제6장을 참고.

를 부과하는 것은 현실적으로 불가능하며, 결국은 공직자들이 공직자에게 제재를 부과하게 될 것이기 때문이다. 물론 공직자들이 규범을 준수할 때, 그 동기가 금전이나 다른 잇속을 감안한 것일 수도 있다. 하지만 어떠한 독재자도 공직자들이 아무런 확신을 갖고 있지 않음에도, 단지 그들에게 일정한 이익을 제공함으로써 계속 자신에게 충성하도록 만들 수는 없다. 확신에 근거한 충성이 아니라면, 현실적으로 권력을 손에 쥐고 있는 공직자들이 독재자의 권력을 박탈하거나 그를 제거하는 일은 너무나도 쉬운 일이기 때문이다.

　바로 이 점에서도 제대로 기능하는 법질서에서는 왜 공직자를 수범자로 하는 법규범들이 이를 준수하지 않은 공직자에 대한 제재까지 규정하고 있는 경우가 드문지를 알 수 있다.[11] 왜냐하면 특정한 규범을 인정하는 사람이라면 굳이 제재의 위협과는 상관없이 그 규범을 준수하는 것이 일반적이기 때문이다.

　기존의 법질서의 범위 내에서 일반 국민들이 이 법질서의 헌법을 어느 정도 인정하고, 또한 이 헌법에 따라 자발적으로 "행위하는지"는 확실하게 대답하기 어려울 뿐만 아니라 여러 가지 요인들에 따라 달라질 것이다. 이와 관련해서는 물론 문제의 법질서 및 그 헌법과 관련을 맺는 구체적인 정치체제가 어떻게 형성되어 있는지가 중요하다. 반드시 **민주적** 정치체제가 인정을 받을 가능성이 가장 높다고 말할 수는 없다. 다만 헌법질서가 인정을 받기 위해서는 정치체제와 일반 국민들이 갖고 있는 정치체제에 대한 생각과 기대가 상당 부분 서로 맞물려 있어야 한다는 점만은 틀림없는 사실이다.

　여기서는 무엇보다 전체 법질서 가운데 헌법에 관련된 영역

---

11) 앞의 8면 이하 참고.

에서 중요한 역할을 하는 특별한 유형의 법규범에 대해 더 자세하게 논의할 필요가 있다. 바로 **내재적 수권규범**에 대한 논의이다. 앞의 제3장에서 다루었던 **일반적** 수권규범이 모든 국민을 대상으로 할 수 있는 반면, 이 내재적 수권규범은 전적으로 공직자만을 대상으로 한다. 이러한 법규범의 대표적 보기는 입법부의 권한과 기능방식을 규율하고, 이를 통해 특정한 조건하에 특정한 사람에게 법률을 제정(법률의 폐기와 변경도 포함)할 권한을 부여하는 헌법규범이다.

아주 일반적인 차원에서 얘기한다면, 내재적 수권규범은 하위의 법규범 — 즉, 법질서 내에서 효력을 갖는 법규범 — 이 성립하기 위한 요건을 확정한다. 물론 과거에 그 당시의 헌법에 따라 제정된 규범을 완전히 다른 형태의 새로운 헌법이 과거의 내용 그대로 수용할 수도 있다. 또한 어떤 헌법은 국가의 공직자가 제정한 것이 아니라, 특정한 규범적 원칙과 동일하거나 국민의 도덕적 태도와 동일한 내용을 가진 규범을 법규범으로 수용할 수도 있다.

하위의 법규범은 명령규범이거나 수권규범일 수 있다. 수권규범은 예컨대 법관이나 경찰과 같은 공직자로 하여금 구체적인 수범자에게 개별적 규범을 제정할 수 있는 권한을 부여(수권)한다. 여하튼 수권규범의 복잡한 연결고리의 가장 낮은 단계에서는 언제나 **명령규범**을 제정하는 권한이 주어지기 마련이다. 왜냐하면 — 헌법을 포함하여 — 모든 내재적 수권규범은 궁극적으로는 해당된 법질서 내에서 유효한 명령규범을 제정하는 것을 가능하게 한다는 의미를 갖기 때문이다. 공직자가 강제를 행사할 수 있는 **권한을 부여**받았다는 사실은 그것이 법질서에 부합하는 한, 강제행사를 금지하는 원칙의 예외를 인정하는 허가로 이해할 수 있다.

이러한 내재적 수권규범은 법규범에 대한 우리의 이론적 구상에 비추어 어떻게 설명해야 하는가? 내재적 수권규범은 ─국민을 대상으로 하는 일반적 수권규범과 마찬가지로─ 그 자체 결코 명령이 아니다. 예컨대 내재적 수권규범은 입법부에 대해 특정한 규범을 제정하라고 명령하지 않으며, 반드시 **유효한 법률**을 제정하라고 명령하지도 않는다. 내재적 수권규범은 단지 어떤 주체가 어떠한 방식을 거쳐 유효한 법률을 제정할 수 있는지를 확정할 뿐이다. 다시 말해 내재적 수권규범은 "하나의 법률이 하나의 법질서 내에서 효력을 갖기 위해서는 이러이러한 방식으로 성립해야 한다"는 것을 말할 뿐이다. 물론 내재적 수권규범이 수범자에 대해 특정한 내용의 명령규범과 결합될 수도 있다는 점은 나중에 자세히 설명하겠다.[12]

이러한 내재적 수권규범은 위에서 언급한 일반적 수권규범과 커다란 차이가 없다고 볼 수도 있다. 즉, 법질서는 공직자에게도 새로운 법률을 만들거나, 기존의 법률을 변경 또는 확대할 수 있는 기회를 부여할 수 있고, 이는 국민에 대해서도 마찬가지라고 생각할 수도 있다. 하지만 이러한 외관상의 유사성에도 불구하고, 좀더 자세히 고찰해 보면, 두 종류의 수권규범 사이에는 커다란 차이점이 있다.

우선 **일반적 수권규범**은 그 수범자인 국민으로 하여금 다른 사람에 대해 새로운 법의무 ─법의무는 반드시 명령규범과 결합되어야 한다─를 창설할 권한까지 부여하지는 않는다. 그렇기 때문에 법적으로 유효한 쌍무계약을 체결하기 위해서는 당사자들의 동의가 필요하다. 설령 그러한 동의가 있을지라도 계약당사자들이 계약을 이행해야 한다는 법의무는 전적으로 그에 상응하는 국가의 명령규범에 의거한다. 따라서 국민이 일반적 수권규범에

---

12) 61면 이하.

근거하여 스스로 명령규범을 제정하는 것은 불가능하다.

　이에 반해 내재적 수권규범은 그 수범자로 하여금 다른 사람에게 ― 때에 따라서는 모든 사람에게 ― 새로운 법의무를 부과하는 법규범을 스스로 창설할 권한을 가질 수 있도록 만든다. 즉, 내재적 수권규범의 수범자는 지금까지 존재하지 않았던 새로운 명령규범을 제정할 수 있다. 내재적 수권규범에 따른 권한은 일반적 수권규범에 따른 권한과는 비교할 수 없을 정도로 강력한 사회적 영향을 미친다. 내재적 수권규범을 통해 권한을 부여받은 자는 별도의 동의를 받지 않고서 타인에 대해 강제를 위협할 수 있으며, 타인에 대한 물리적 강제를 (물론 법적으로 유효하게) 집행하는 근거를 제공할 수도 있다. 바로 그렇기 때문에 내재적 수권규범으로부터 권한을 부여받은 자는 이 수권규범의 수범자라는 성격 때문에 아주 특수하고 중대한 책임을 떠맡는 것이 된다.

　이보다 훨씬 더 중요한 차이점은 다음과 같은 사실이다. 즉, 모든 내재적 수권규범은 **간접적 명령규범**으로서의 성격이 잠재되어 있다. 물론 이 간접적 명령규범은 내재적 수권규범의 수범자를 대상으로 하지 않는다. 이는 오히려 수권에 근거하여 제정될 직접적 명령규범이 대상으로 하는 잠재적 수범자에 지향되어 있다. 왜냐하면 내재적 수권규범에 따른 권한을 부여하는 사람은 자동적으로 권한을 부여받은 수범자(또는 이 수권에 근거하여 다시 권한을 부여받은 하위의 수권자)에게 권한을 부여한 자의 이름으로 명령규범을 제정할 수 있는 권한을 부여하기 때문이다. 이는 물론 권한을 부여받은 자가 명령규범을 반드시 제정해야 한다거나 사실상으로 명령규범을 제정할 것이라는 뜻은 아니다. 하지만 권한을 부여받은 자가 만일 명령규범을 제정한다면, 이 명령규범의 수범자는 애초에 권한을 부여한 자가 직접 제정한 명령규범과 마찬가지로 이를 준수해야 한다. 이처럼 권한을 부여받은 자가 제정한 명령규범에는 사실상 두 명의 규범제정자가 있는 셈이다. 즉, 수권규범의 제정자가 그 수범자에게 명령규범을 제정할 수 있는 권한을 부여하고, 다시 이 권한을 부여받은 자가 잠재적 수범자를 대상으로 ─따라서 맨 처음 권한을 부여한 자의 입장에서 보면 간접적이며 또한 실제로 명령규범을 제정한다는 전제하에─ 명령규범을 제정하는 구조를 취하게 된다.

따라서 U가 X를 대상으로 하여 권한을 부여하는 수권규범은 Y에 대한 간접적 (그리고 실제로 명령규범을 제정한다는 전제가 딸린) 명령규범이다. 그렇기 때문에 내재적 수권규범은 그 수범자 X에 대한 "당위"를 포함하고 있지 않다. 즉, X가 반드시 명령규범을 제정해야만 하는 것은 아니다. "당위"는 오로지 (제정이 된다는 전제하에) 명령규범의 수범자인 Y만을 대상으로 한다. 수권규범의 수범자인 X는 결코 어떤 행위를 하라는 **요청을 받는 것**이 아니다. 그는 다만 U의 이름으로 하나의 명령규범을 제정하고 싶다면, 수권규범에 확정된 방식에 따라야 완전한 제정행위가 될 수 있다는 정보를 전달받을 뿐이다.

이렇게 볼 때 다음과 같이 결론을 내릴 수 있다. 내재적 수권규범 자체는 그 직접적 수범자(권한을 부여받은 자)와의 관련성에 비추어 볼 때 결코 진정한 의미의 규범이 아니며, 특정한 행위를 하라는 요청도 아니다.[13] 내재적 수권규범은 단지 하나의 법질서 내에서 특정한 규범 ─즉 진정한 의미의 규범인 명령규범─ 이 성립될 수 있기 위한 조건을 규율할 뿐이다. 이 점에서 내재적 수권규범은 명령규범의 종속적인 구성부분이자 그 필요조건이다.

이러한 서술에 따라 우리는 이른바 내재적 수권규범의 성격

---

13) 앞의 4면 이하 참고.

과 관련하여 다음과 같은 사실을 확인할 수 있다. 공직자를 대상으로 하는 내재적 수권규범은 그 수범자에게 일반 국민을 대상으로 하는 일반적 수권규범과는 비교할 수 없을 정도로 강력하고 광범위한 권력을 부여한다. 그렇지만 강제질서로서의 법질서에 직면하게 되는 국민의 관점에서 보면 이 두 가지 유형의 수권규범은 결과적으로 거의 같은 의미를 갖는다. 즉, 두 수권규범은 모두 국민을 대상으로 하는 특정한 명령규범이 존재하기 위한 종속적인 요건이다. 이러한 명령규범이 없다면 이른바 수권규범은 법적으로 아무런 효과도 갖지 못한다.

수권규범은 행위요청이라는 의미의 진정한 규범이 아니기 때문에, 용어사용의 정확성을 기하기 위해서는 수권규범이 아니라 수권규칙이라고 부르는 것이 타당하다. 하지만 법률조문은 그 구체적 내용과는 상관없이 모두 "법규범"이라고 부르는 것이 일반적이다. 아래에서는 이러한 일반적 언어사용에 따라 계속 "수권규범"이라고 부르겠지만, 그것은 결코 행위요청이나 명령규범과 같은 고유한 의미의 규범을 뜻하지 않는다는 사실을 의식해야 한다. 이 점에서 우리는 법률가들이 흔히 그렇게 하듯이 넓은 의미의 규범개념과 좁은 의미의 규범개념을 뚜렷이 구별하고자 한다.

끝으로 법적 강제질서의 토대인 **헌법**의 개념에 대해 몇 가지 요약적인 언급을 해둔다. 헌법은 한 국가의 최상위 법규범의 총체로서, 국가의 권위에 근거하여 제정된 모든 하위의 법규범들은 헌법 때문에 법규범으로서 존재하게 된다. 이미 앞에서 보았듯이 헌법은 특정한 지역 내에서 원칙적으로 헌법에 따라 국민에 대해 강제를 행사하는 사람들(공직자)의 인정에 기초한다.

구체적으로 헌법의 내용을 어떻게 형성할 것인지는 전적으로 각각의 법질서에 달려 있다. 헌법은 성문일 수도 있고, 불문일 수도 있다. 후자의 경우 헌법은 관습법으로서 존재한다. 헌법은 또한 하위 법규범의 제정과 관련하여 처음부터 특정한 내용적 제한을 가할 수 있다. 이를 통해 헌법은 각 개인에게, 예컨대 일정한 범위 내에서 불가침의 자유권을 부여할 수 있게 된다. 헌법은 그 전반적인 방향에 비추어 민주주의적일 수도 있고, 전체주의적일 수도 있다. 민주주의 헌법은 보통 권력분립이나 국민을 대표하는 권력자들의 교체 및 승계에 관한 규율도 포함한다. 이에 반해 전체주의 헌법은 한 사람의 독재자나 "영도자"에게 평생에 걸친 무제한의 국가권력을 부여할 수 있다.

5 | 규범과 당위

　　법질서는 언제나 위계질서의 구조를 갖는다. 즉, 상위의 법규범이 있는가 하면, 그 법적 성격을 더 상위의 법규범에 힘입는 하위의 법규범이 있기 마련이다. 상위의 법규범은 언제나 수권규범이다. 물론 상위의 법규범과 하위의 법규범 사이의 위계질서관계가 여러 단계를 거쳐 이루어질 수 있다. 간단한 보기를 들어보자. 한 경찰관이 어떤 국민에게 감옥에 들어가라고 지시하는 경우, 이 개별적 규범은 법관이 이 국민에게 자유형을 선고한 결과이다. 법관의 이 판결은 다시 의회가 제정한 법률에 근거하며, 의회의 법률은 헌법의 규범에 근거한다. 이처럼 모든 법질서는 궁극적으로 물리적 강제와 결합된 **명령규범**을 통해 인간의 행위를 조종하기 위한 것이다.

　　따라서 하나의 법질서가 그 이름에 걸맞기 위해서는 결코 그 내용이 단순한 희망사항을 표현한 것에 그쳐서는 안 된다. 법질서는 언제나 어떤 의미에서든 사회현실 속에 자리잡아야 하고, 실재해야 한다. 그렇다면 법질서 또는 법질서를 구성하는 요소인 개개의 법규범이 실재한다고 말하기 위해서는 어떠한 요건이 충족되어야 하는가? 이미 앞에서 살펴보았듯이,[14] 법질서 전체는 특정한 의미에서 "실효성"을 지닐 때 실재할 수 있다. 그렇다면

---

14) 앞의 24면 이하 참고.

법질서를 구성하는 개개의 요소들도 그것이 법규범이 되기 위해
서는 이와 똑같은 의미의 실효성을 가져야 할까? 아니면 개개의
법규범은 이와는 다른 방식으로 실재할 수 있는 것일까?[15]

　　이러한 문제들을 적절하게 다루기 위해서는[16] 우선 법이나
이와 유사한 속성을 가진 규범의 본질과 속성이 무엇인지에 대
한 상세한 논의가 앞서야 한다. 여기서 규범의 개념은 명령규범
이라는 좁은 의미로 이해해야 한다.

　　규범이란 무엇인가? 앞에서[17] 나는 규범의 개념을 일정한
행위를 하라는 요구라는 의미에서 명령규범으로 정의했다. 이렇
게 보면 거짓말을 해서는 안 된다는 교육자의 행위요구든, 은행
직원에게 돈을 내놓으라는 강도의 행위요구든 모두 규범이다.

　　따라서 규범은 현실에 존재하거나 또는 존재할 수 있고, 그
래서 우리가 그 내용을 서술할 수 있는 사실과 크게 다를 바 없
다. 예를 들어 (일반적으로) 거짓말을 해서는 안 된다는 내용을
가진 여러 가지 규범은 검은 까마귀가 존재한다는 사실과 마찬
가지로 우리 현실 속에 실재한다. 하지만 모든 사람은 음식을 먹
어서는 안 된다는 규범은 어디에도 존재하지 않는다. 다른 사람
에게 그러한 행위요구를 제기하는 경우는 없기 때문이다.

　　실재하는 규범은 직접적이든 간접적이든 그 규범을 표명하
고 또한 이를 **주장하는** 규범 정립자를 전제하고 있다. 정확히 말
하면 어떤 규범을 주장하는 사람은 하나의 사실로 볼 수 있는
규범 자체를 주장하는 것이 아니라, 그가 규범을 정립하여 표명
하고자 하는 **규범내용**을 주장하는 것이다. 예를 들어 상당수 사

---

15) 이 물음에 대답하기 위한 목적에서 우리는 이제부터 유효성(Gültigkeit)
　　과 효력(Geltung)을 뚜렷이 구별한다.
16) 구체적으로는 제6장의 서술을 참고.
17) 앞의 4면 이하.

람들은 고기를 먹어서는 안 된다는 규범내용을 주장한다. 이러한 규범내용을 표명 또는 주장하기 위해 그들은 "사람은 고기를 먹어서는 안 된다"라는 규범명제를 이용한다.

이하의 서술에서 내가 규범명제라는 표현을 사용할 때에는 대개 특정한 규범내용을 지칭하기 위한 것이다. 또한 주장되는 규범이라고 말할 때에는 언제나 금방 설명한 바와 같이 규범에서 주장되는 내용을 말한다.

이런 의미에서 여러 사람들이 동시에 똑같은 규범의 주장자 (즉 같은 내용을 가진 서로 다른 규범의 정립자)가 될 수 있다. 물론 특정한 내용을 가진 규범이 실재하는지 여부는 얼마나 많은 사람이 그 규범을 주장하는지와 관계가 없다. 하지만 단 한 명일지라도 그 규범을 주장하는 사람이 있는지는 매우 중요하다. 즉, 어느 누구도 주장하지 않는 규범은 실재하지 않는다. 그런 규범은 실재하지 않는 상황과 마찬가지로 **상상의 대상**이 될 수 있을 뿐이다. 그러나 누군가가 어떤 규범을 사실상으로 주장하기만 한다면, 그 규범은 실재하게 된다.

우리가 규범을 주장될 수 있는 어떤 **규범내용**이라는 의미로만 이해하면, 그 규범내용은 아직 우리의 사고 속에 머물러 있을 뿐이다. 즉, 해당되는 규범내용이 사실상으로 주장되고 있는지 여부는 완전히 별개의 문제이다. 하지만 하나의 규범내용은 결코 그 자체만으로 실재할 수 없으며, 반드시 사실상으로 주장되는 행위요청의 내용일 때에만 실재할 수 있다.

사실상의 행위요청 또는 규범의 배후에는 언제나 이 규범이 대상으로 삼는 수범자들이 특정한 방식으로 행위해야 한다고 요구하는 다른 어떤 사람, 즉 규범주장자의 희망이나 의지가 자리 잡고 있다. 이러한 **희망**의 내용은 —(예컨대 거짓말을 해서는 안 된다와 같은) 규범의 내용과는 달리— 해당되는 행위 그 자체이다. 즉, 나는 내가 거짓말의 대상이 되지 않기를 희망하며, 그 때문에 거짓말을 해서는 안 된다는 규범을 주장하게 된다. 그렇기 때문에 희망의 내용은 특정한 행위이며, 이 희망의 표현은 규범이다.

이러한 토대 위에서 우리는 이제 규범의 본질과 관련하여 특수한 의미를 갖는 당위란 과연 무엇인지를 살펴보자. 일단 다음과 같은 인식이 결정적인 의미를 갖는다. 즉, 규범이 포함하고 있는 당위는 ─ 흔히 생각하는 것과는 반대로[18] ─ 결코 그 규범과 동일한 것으로 볼 수 없다. 규범은 당위와 같은 것이라는 이론은 거짓일 뿐만 아니라, 혼동만 불러일으킬 뿐이다. 왜냐하면 규범내용 그 자체가 실재하지 않는 것과 마찬가지로, 당위 그 자체 역시 ─규범과는 달리─ 현실의 일부로서 실재하지 않기 때문이다.

실재하는 것은 단지 당위명제, 즉 "해야 한다"는 단어가 특정한 기능을 갖고 등장하는 문장일 뿐이다. 그러한 문장에서 "당위"는 어떤 규범내용을 언어로 표현하기 위한 수단이며, 경우에 따라서는 규범내용을 주장하기 위한 수단이 되기도 한다. 예를 들어 내가 "원수를 사랑해야 한다"라고 말했다고 가정해 보자. 나는 이 문장을 통해 생각할 수 있는 어떤 규범내용을 표현한 것이다. 물론 이 문장을 통해 내가 말하고자 하는 내용은 여러 가지일 수 있다. 예컨대 "'원수를 사랑하라'는 규범은 수범자들에게 아주 힘든 요구를 하는 것이다"고 주장할 수도 있고, "'원수를 사랑하라'는 규범으로부터 '원수에게 어떤 해도 끼쳐서는 안 된다'는 규범이 도출된다"고 주장할 수도 있다. 물론 "원수를 사랑해야 한다"는 문장을 말함으로써 나 스스로 이 규범내용을 주

---

18) Kelsen I, S. 7.

장할 수도 있다. 이 때에는 문장을 말함으로써 이 문장에 걸맞은
행위에 대한 나 자신의 희망을 표명하는 것이 된다.

다른 사람이 주장하는 규범을 단순히 서술하는 경우에도
"당위"라는 단어가 일정한 역할을 할 수 있다. 이미 어느 정도
설명을 했듯이, 하나의 규범을 스스로 주장하는 것과 다른 사람
이 주장하는 규범에 대해 서술을 하는 것은 완전히 별개의 일이
다. 하나의 규범을 단순히 서술하는 일은 사실상 커다란 문제가
없다. 왜냐하면 모든 규범은 이에 상응하는 경험적 사실과 일치
하기 때문이다. 물론 한 사람의 규범적 주장이 반드시 언어행위
와 같은 외부적인 행태로 이루어져야 하는 것은 아니다. 그러한
외부적 행태를 향한 내심의 태도만으로도 규범주장이 실재한다고
볼 수도 있기 때문이다.[19] 그리고 내심의 태도나 성향도 (사랑에
빠진 사람의 경우와 비슷하게) 원칙적으로 경험적 수단을 빌어 확
인하고 서술할 수 있다.

그렇긴 하지만 규범을 서술하기 위해 사용하는 용어나 그
개념과 관련해서는 약간 문제가 있을 수 있다. 이는 무엇보다 규
범을 서술하는 목적을 위한 경우에도 통상 **규범명제** ─ 즉, "당
위"와 같은 규범적 표현이 등장하는 명제 ─ 를 사용하게 된다는
사정에 기인한다. 실제로 하나의 규범명제가, 때로는 실재하는 **규
범을 서술하는** 기능을, 때로는 **규범을 표명하는** 기능을 가질 수
있다. 규범명제가 어떠한 기능을 갖는지는 각각의 맥락에 달려
있다. 예를 들어 여성해방을 부정하는 고루한 전통주의자가 자신
의 딸들에게 "여자는 직업을 가져서는 안 된다"고 말한다면, 이
규범명제는 분명 규범표명적인 기능을 한다. 그러나 동일한 규범
명제를 서구의 어떤 사회학자가 이슬람 사회의 윤리를 서술하는

---

19) 자세히는 Hoerster I, S. 46 f.

가운데 사용했다면, 이는 규범서술적 기능을 갖는다.

경우에 따라서는 동일한 내용의 규범명제가 동시에 두 가지 기능을 할 때도 있다. 예컨대 이슬람 사회의 윤리를 신봉하는 어느 회교도가 자기의 딸들에게 "여자는 직업을 가져서는 안 된다"고 말하거나, 서구 사회에 사는 어떤 엄마가 아이들에게 "거짓말을 해서는 안 된다"고 말하는 경우, 각각의 규범명제는 규범서술적 기능과 규범표명적 기능을 동시에 갖고 있다.

이처럼 "당위"가 규범내용을 언어로 표현하기 위한 수단이기 때문에, 이 당위라는 단어는 규범을 서술하는 문장에서도 중요한 역할을 하게 된다. 이와 관련하여 결정적인 의미를 갖는 측면은 다음과 같다. 즉, 규범을 서술하기 위한 규범명제나 당위명제를 언어로 표현할 때에는 언제나 그 서술적 성격이 분명하게 드러나도록 해야 한다. 위에서 든 보기에서 사회학자는 자신의 규범서술적 의도를 분명히 하기 위해 "어떤 사회 A에 광범위하게 퍼져 있는 규범에 따르면 여자는 직업을 가져서는 안 된다"라고 쓸 수 있다. 또한 내가 은행강도사건을 묘사할 때, 오해를 피하기 위해 "은행직원은 돈을 내놓아야 한다"는 표현 대신 "강도의 요구에 따르면 은행직원은 돈을 내놓아야 한다"라고 말하게 된다.

현실의 규범에 내재하는 "당위"를 통해 수범자들에게 행위요청을 표명할 뿐만 아니라, 수범자들이 이 규범을 준수해야 할 충분한 근거가 있다는 인상까지 전달하는 것이 일반적이다. 왜냐하면 수범자들이 애초에 규범을 준수할 가능성이 극히 희박하다면, 그러한 규범을 주장할 사람은 없을 것이기 때문이다. 예를 들어 나는 법무부장관에 대해 그가 안락사에 관한 현행법규를 개정해야 한다고 표현할 생각을 아예 하지 않는다. 내가 비록 그러한 법개정이 바람직하다고 생각하긴 하지만, 현재의 우리 사회에서 내가 한 개인으로서 단순히 논거만을 가지고 법무부장관에게 어떤 영향을 미칠 수 있는 가능성은 거의 없기 때문이다.

수범자 A가 자신을 대상으로 주장되는 규범을 준수해야 할 "충분한 근거" — 즉, A 스스로 생각해 볼 때에도 규범을 준수하는 것이 합리적이라고 여기게 만드는 근거 — 는 여러 가지 성격의 것일 수 있다. 즉, 어떤 규범 n을 준수한 결과를 A의 이해관계에 비추어 평가해 볼 때, 규범을 준수할 충분한 근거가 있다고 볼 수 있는 경우가 있는가 하면, A가 n이 도출되는 상위의 **규범**을 인정한다는 사실이 규범준수의 충분한 근거가 되는 경우도 있다.

첫 번째 경우에 n을 준수하는 A의 근거는 이 규범을 준수할 때의 긍정적 결과와 이를 위반했을 때의 부정적 결과를 감안하여 규범을 준수하는 쪽으로 결정하게 만든다. 이와 관련된 가장 적절한 보기는 은행강도가 침입한 상황이다. "돈을 내놓아야 한다"는 강도의 규범에 따르는 은행직원은 자신의 생명을 보존한다는 충분한 근거를 갖고 있다.

두 번째 경우는 사정이 조금 복잡하다. A가 규범 n을 준수하는 근거는 A가 이미 인정하고 있거나 또는 일정한 규범주장의 자극을 받아 이제부터 인정하기로 결정한 규범이기 때문이다. A가 하나의 규범을 인정한다는 것은 A가 규범(자세히는 규범내용)이 자신에게 구속력을 갖는다고 인정하는 것을 뜻하며, 이런 의미에서 자기 자신에 대하여 그 규범을 주장하는 것이다.[20]

이와 관련된 가장 단순한 경우는 규범 n 자체를 A가 인정하는 것이다(n 자체로부터 n이 도출된다고 말할 수 있다). 예를 들어 A가 거짓말을 금지하는 규범을 인정하고 있다면, A는 "거짓말을 해서는 안 된다"는 규범을 준수할 충분한 근거가 있다. 그렇지만

---

20) 앞의 22면 이하 참고.

n이 A가 인정하고 있는 다른 규범으로부터 도출될 수 있다는 사실이 충분한 근거가 되기도 한다. 만일 내가 A에게 "닭을 닭장에 가두어 놓고 키워서는 안 된다"라고 말했다고 가정해보자. 만일 A가 1. "동물을 학대해서는 안 된다"라는 규범 n1을 인정하고, 2. 닭을 닭장에 가두어 놓고 키우는 것이 동물학대에 해당한다면, A는 "닭을 닭장에 가두어 놓고 키워서는 안 된다"는 규범 n2를 준수할 충분한 근거가 있다. 왜냐하면 n2는 A가 인정하고 있는 규범 n1과 2.에서 말한 또 다른 전제로부터 논리적으로 도출될 수 있기 때문이다.[21]

이러한 조건하에서 A는 n1을 준수할 충분한 근거(이는 이미 A가 n1을 인정하고 있다는 사실에 따른다)뿐만 아니라, n2도 명백히 인정하여 이를 준수할 충분한 근거가 있다는 점을 의심하지는 않는다. 이 점은 일상적으로 아주 당연하다고 여겨지지만, 실제로는 문제가 전혀 없지만은 않다.

어떤 법학자들은 규범들 사이 또는 규범을 표명하는 명제들 사이에 논리적 추론관계가 존재한다는 사실 자체를 부정한다.[22] 그들의 논증은 이렇다. 즉, 오로지 그 진리성 여부를 판단할 수 있는 명제나 언명 사이에만 추론관계가 있을 수 있다고 한다. 왜냐하면 하나의 구체적인 논리적 추론이나 논리적으로 타당한 논거의 경우, 전제로부터 결론을 도출하기 위해서는 각 명제나 언명의 진리성이 전제되어야 하기 때문이라고 한다. 그러나 ("거짓말을 해서는 안 된다"와 같은) 규범 또는 규범을 표명하는 명제는 이를 통해 서술 또는 설명할 실재가 존재하지 않기 때문에 그 진리성을 판단할 수 없다는 것이다.

---

21) 아래에서는 2.와 같은 또 다른 전제를 항상 상세히 언급하지는 않겠다.
22) 이에 관해서는 특히 Kelsen II, S. 166 ff.와 S. 184 ff. 참고.

그러나 이러한 견해에는 동의할 수 없다. 논리적 추론관계를 그 진리성을 판단할 수 있는 명제들로 이루어진 논거들에만 국한시키는 것은 추론관계를 너무 좁게 생각한 것이다. 논리적으로 타당한 논거에서 전제로부터 결론으로 옮겨 가는 것이 반드시 진리이어야 할 필요는 없다. "동의할 만하다"는 주관적 평가 역시 얼마든지 전제와 결론의 관계에 있을 수 있다.

어떻게 보면 진리 역시 단지 동의할 만하다는 평가의 특수한 경우일 뿐이다. "모든 인간은 죽는다"는 명제와 "소크라테스는 사람이다"는 명제에 동의하는 사람은 "소크라테스는 죽는다"는 명제에도 동의하게 된다. 다시 말해 전제가 되는 두 명제에 동의한다면 결론에도 동의하는 것이 합리적이다. 이와 마찬가지로 "모든 사람은 거짓말을 해서는 안 된다"는 명제와 "인섭은 사람이다"는 명제에 동의한다면 "인섭은 거짓말을 해서는 안 된다"는 명제에도 동의해야 합리적이다.

일상생활에서도 위에서 언급한 추론이 논리적 필연성을 갖는다는 사실에 의문을 품는 사람은 아무도 없다. 또한 "모든 다람쥐는 귀엽다"는 명제와 "이 동물은 다람쥐이다"라는 명제로부터 "이 동물은 귀엽다"는 논리적 결론이 도출된다는 점에 대해 아무도 의문을 갖지 않는다. 이러한 미적 판단을 내용으로 하는 명제 또한 그 진리성의 측면에서 보면, 규범을 표명하는 명제만큼이나 문제가 많은데도 말이다.

위에서 언급한 사례에서 전제에는 동의하지만 그 결론에는 동의하지 않는다면 어느 경우든 그러한 행동은 모순이자 비합리적이다. 실재에 대한 사고뿐만 아니라, 모든 종류의 태도와 행위 요청 역시 서로 논리적 모순관계에 놓일 수 있다. 따라서 규범을 표명하는 명제들 및 (규범내용이라는 의미의) 규범들도 얼마든지 서로 논리적 추론관계에 있을 수 있다. 물론 규범논리학이 구체적으로 어떠한 내용이어야 하는지는 여기서 자세히 논의하지 않겠다.

이러한 서술에 비추어 볼 때, 수범자 A가 그에 대해 주장된 규범을 준수하게 되는 두 가지 서로 다른 근거가 존재할 수 있다. 하나는 제재에 대한 예상이고, 다른 하나는 A에게 주장된 규범이 도출되는 다른 규범에 대한 인정이다. 물론 규범주장자 V는 규범인정이라는 두 번째 근거가 A에게 이미 존재하고 있는지에 관심을 기울여야 한다. 만일 A가 그러한 규범인정을 이미 하고 있는 경우라면 V는 ― 적어도 A가 일관성 있는 행동을 하는 한 ― 규범위반에 따른 제재를 행사해야 하는 수고를 덜 수 있게 된다.

논리적으로 타당한 논거라는 형태로 다른 규범으로부터 도출할 수 있는 규범들을 우리는 이제부터 유효한(gültig) 규범이라고 부르겠다. 따라서 유효성(Gültigkeit)은 하나의 규범이 다른 규범과 동떨어진 채로 가질 수 있는 속성이 아니다. 하나의 규범 n2는 언제나 다른 규범 n1과의 관계 속에서만 유효성을 가질 수 있다. 여기서 과연 n1이 단순히 사유의 산물인지 아니면 실제로 주장되고 인정된 규범인지는 중요하지 않다. 예를 들어 "사내아이들은 뛰어서는 안 된다"는 규범은 "아이들은 움직여서는 안 된다"는 "순전히 머릿속에서 만들어 낸" 규범과의 관계 속에서는 유효한 규범이다.

하나의 규범 n2가 사실상으로 주장되는, 즉 실재하는 규범 n1과의 관계에서 유효성을 갖는다면, n2 역시 자동적으로 실재하는 규범이 된다. 왜냐하면 n2의 내용이 명시적으로 주장되지 않더라도, 적어도 모든 객관적이고 계몽된 수범자나 관찰자의 입장에서 n1과 n2가 서로 결합되어 있다고 보는 한, n2는 주장된 규범 n1에 묵시적으로 포함되어 있기 때문이다. 이 점은 규범뿐만 아니라, 어떤 확신을 주장하는 경우에도 마찬가지이다. 예컨대 어떤 영국 정치가가 유럽의 전체 국민들이 테러리즘의 위협을 받고 있다는 확신을 주장했다면, 비록 이 정치가가 이 책의 지은이인 나 노베르트 회르스터라는 개인을 전혀 알지 못하기 때문에 그의 확신에 **명시적으로** 포함시킬 수 없었음에도, 그의 확신과 함께 내가 테러리즘의 위협을 받고 있다는 확신도 자동적으로 주장되는 셈이다.

어쨌든 다음과 같은 중요한 인식을 확정할 필요가 있다. 즉, 실재하는 규범이 모두 반드시 경험적 사실로서 실재하는 것은 아니라는 점이다. 그렇다고 하더라도 유효성에 힘입어 실재하는 규범은 다른 경험적으로 실재하는 규범으로부터 논리적으로 도출될 수 있다는 의미에서 충분한 경험적 토대를 가지고 있다. 따라서 실재하는 규범과 관련하여 유효성을 갖는 규범은 모두 실재하는 것으로 파악해야 한다.

규범의 본질에 관한 이 장의 서술을 마치기 전에 지금까지 다루었던 것과는 근원적으로 다른, 독특한 형태의 규범에 대해 설명하기로 한다. 지금까지 우리는 경험적 의지에 기초한 실정적 규범만을 논의대상으로 삼았다. 그러나 이와는 달리 **초실정적**(vorpositiv)이라고 부르는 규범이 있다.[23] "초실정적" 규범이란 무엇인가?

초실정적 규범이란 실정규범처럼 어떤 사람이 이를 주장함으로써 존재하게 되는 것이 아니다. 오히려 초실정적 규범은 ― 만일 그러한 규범이 존재한다면 ― 모든 사람, 즉 인류 전체에 앞서 이미 특수한 형태의 실재로서 존재한다고 말한다. 이 특수한 형태의 실재는 인간으로부터 독립된 독자적인 규범질서에 힘입은 것이며, 이를 어떤 사람들은 신의 창조에 따른 산물이라고

---

23) 이에 관해서는 Hoerster I, S. 70 참고.

부르기도 한다.

켈젠은 이러한 독자적 실재에 지향된 **실천이성**을 다음과 같은 이유 때문에 거부한다. 즉, 초실정적 "규범을 제정하는 이성"은 결국 "인식하고 동시에 의욕하는" 이성이어야 하는데, 이는 완전히 모순이기 때문이라는 것이다.[24] 그러나 이러한 켈젠의 입장은 착각이다. 왜냐하면 초실정적 규범에 대한 인식은 ― 적어도 그러한 규범이 존재한다면― 이를 의욕하는가 여부와는 아무런 관계도 없기 때문이다. 규범의 배후에 일정한 의욕이 자리잡아야 한다는 점은 실정적 규범에만 해당될 뿐, 초실정적 규범에는 해당되지 않는 말이다.

어떤 초실정적 규범이 사실상으로 존재하고 또한 인간이 인식할 수 있는지 여부는 상당히 논란이 많은 문제이며, 이에 대해서는 규범의 근거설정 문제와 관련된 제9장에서 논의를 하겠다. 여기서는 단지 규범의 본질과 실재에 관한 우리의 일반적인 이해방식에 비추어 초실정적 규범을 ―그것이 실재한다면― 어떻게 이해해야 할 것인지만을 다루겠다. 아마도 상당수 사람들은 그들이 규범적으로, 특히 도덕적으로 사고를 할 때, 별다른 철학적 성찰 없이 인간에 앞서 이미 주어져 있는 규범(예컨대 "거짓말을 해서는 안 된다"든가 "도둑질을 해서는 안 된다"는 규범)이 실제로 존재한다고 믿는 것 같다. 그러한 규범의 본질에 관한 아래의 서술에서는 일단 서술의 편리함을 위해 초실정적 규범에 대한 믿음이 옳다는 전제에서 출발해 보자.

우선 다음과 같은 인식이 아주 중요하다. 즉, "거짓말을 해서는 안 된다"라는 규범을 **초실정적** 규범으로 파악하는 경우와, 똑같은 규범을 **실정적** 규범으로 파악하는 경우는 엄격하게 분리

---

24) Kelsen I, S. 415.

해야 한다. 양자는 그 연원이 전혀 다른 별개의 규범이며, 단지 그 내용이 같을 뿐이다. 따라서 이 두 규범의 존재뿐만 아니라, 규범이 존재한다는 주장 역시 전혀 다른 성격을 갖는다.

　"거짓말을 해서는 안 된다"는 실정적 규범의 본질이 무엇이고, 이러한 규범의 존재를 어떠한 형태로 서술할 수 있는지에 대해서는 이미 구체적으로 설명을 했다. 이와는 반대로 "거짓말을 해서는 안 된다"는 초실정적 규범은 통상의 경험적 실재가 아니라, 특수한 의미의 실재, 즉 어떤 의미에서는 형이상학적 실재로서 존재한다. 이는 특히 이러한 초실정적 규범이 존재하기 위해 반드시 이 규범을 제정 또는 주장하는 어떤 의지(예를 들어 신의 의지)와 결합될 필요는 없다는 것을 뜻한다. 초실정적 규범의 경우에는 규범내용 자체가 실재하며, 따라서 어떤 실정규범의 내용처럼 관찰자가 단순히 사유할 수 있는 대상도 아니다. "거짓말을 해서는 안 된다"는 규범이 만일 초실정적 규범이라면, 이 규범은 경험세계를 벗어나 실재하는 사실이며, 이 사실은 "거짓말을 해서는 안 된다"는 명제를 통해 적절하게 서술하게 된다. 이는 마치 신이 존재한다는 초경험적 사실을 "신은 존재한다"는 명제를 통해 적절하게 서술하는 것과 같다.

　따라서 초실정적 규범의 경우, 규범의 "당위"는 경험적으로 존재하는 행위요청이 아니라, 특수한 실재에 연원한 행위요청을 표현한 것이며, 인간은 이러한 행위요청을 ─누군가 이를 희망하거나 의욕하는지는 아무런 의미가 없다─ 하나의 실재하는 행위요청 또는 규범으로 인식할 수 있을 뿐이다. 통상의 경험적 실재의 경우에는 존재사실(Seinssachverhalt) 및 그 의미(예를 들어 누군가에 의해 주장된 규범의 내용으로서의 거짓말 금지)만이 중요하지만, 초실정적 규범과 같은 규범적 실재의 경우에는 아주 특수한 의미의 당위사실(Sollensachverhalt)이 중요하다. 이렇게 규범적 실재로서 존재하는 규범은 인간에게 그들의 경험적 현실 속에서 이 규범에 따라 행위하라고 명령한다.

규범을 이런 식으로 이해하면, "거짓말을 해서는 안 된다"는 명제는 하나의 **초실정적** 규범의 존재를 서술하는, 참인 명제이다. 또한 "거짓말을 해서는 안 된다"와 같은 초실정적 규범이 존재한다면, 어떠한 의지와도 무관하게 그 자체로 인식할 수 있는 거짓말 금지가 존재하는 것이며, 이러한 금지에 비추어, "거짓말을 해서는 안 된다"는 규범내용을 **실정규범**의 형식으로 주장하거나 또는 (수범자로서) 이를 인정, 준수하는 것 역시 그 자체 합리성을 갖게 된다.

물론 "거짓말을 해서는 안 된다"는 실정규범을 주장하는 사람이 앞에서 말한 사정을 자신의 목적에 맞게 이용하는 것은 어쩌면 당연하다. 즉, 수범자들에게 자신이 주장하는 실정규범과 같은 내용을 가진 초실정적 규범이 존재한다고 설득하려 들 것이며, 이를 통해 자신이 주장하는 실정규범의 준수가능성을 더 높이려고 시도할 것이다. 심지어 해당하는 내용의 초실정적 규범이 실제로 존재하는지와는 아무런 상관없이 그러한 시도를 펼치게 된다.

실재한다고 여기는 초실정적 규범을 서술하는 사람이 반드시 이 초실정적 규범을 **주장**할 필요는 없다. 하나의 초실정적 규범을 초실정적 규범으로 **주장하지 않을 가능성**도 얼마든지 있다. 또한 앞에서[25] 켈젠을 비판하면서 말했듯이, 어떤 초실정적 규범의 존재를 주장한다고 해서 **자동적으로** 같은 내용의 실정적 규범을 주장하는 것도 아니다. 다만 초실정적 규범을 주장하는 사람은 동시에 이를 실정적 규범으로도 주장해야만 **합리적**이라 할 수

---

25) 45면.

있다. 예를 들어 거짓말 금지를 초실정적 규범이라고 믿는 사람
이 자기 아이들에게 "원래는 거짓말을 해서는 안 되지만, 이번
일은 100만원을 벌 수 있는 기회니까 너희들은 그냥 거짓말을
해도 좋다"고 말하는 경우도 얼마든지 있으며, 그것이 논리적 모
순이 되는 것도 아니다. 사람은 자신의 확신에 따라 이성적으로
행위해야 하지만, 그렇다고 언제나 그렇게 행위하지는 않는다. 규
범을 주장하는 것 역시 하나의 행위이다.

6 | 법규범의 실효성, 유효성 그리고 효력

하나의 법질서가 법질서이기 위해서는 특정한 지역 내에서 주권적 지위를 확보해야 한다. 다시 말해 법질서는 한 지역 내에서 대체로 지배력을 행사해야 하며, 강제의 힘을 빌려 다른 형태의 권력에 대해 스스로를 관철할 수 있어야 한다. 법질서의 이러한 속성을 표현하는 데에는 **실효성**이라는 개념이 가장 적절하다. 그렇다면 이 법질서에 속하는 개개의 법규범을 실재하는 법규범, 즉 이 법질서의 한 부분으로 파악하기 위해서는 각 개별규범도 모두 그 자체 실효성을 가져야만 할까?

개별 법규범이 실효성을 갖는다고 말하는 것은 정확히 무엇을 의미하는가? 이는 그 법규범이 수범자들에 의해 대체로 준수된다는 사실을 의미한다. 물론 수범자들이 반드시 그 법규범의 존재 때문에 이를 준수하게 되는 것만은 아니다. 얼마든지 다른 동기에서 결과적으로 그 법규범을 준수할 수도 있다. 하지만 그러한 다른 동기도 없고, 또한 법규범이 없다면 규범에 합치하여 행동하지 않을 상황이라면, 법규범의 존재는 분명 규범에 합치하는 행동을 하도록 유도하는 작용을 할 것이다. 몇 가지 보기를 들어 이 점을 더 자세히 설명해 보자.

절도를 금지하는 법규범은 틀림없이 실효성을 갖는 법규범이다. 그러나 이 법규범이 없어지면 누구나 기회만 닿으면 물건을 훔친다고 생각할 수는 없다. 절도를 하지 않는 대부분의 사람들은 아마도 절도가 도덕적으로 나쁜 짓이라고 여기기 때문에 절도를 하지 않는다.[26] 이런 사람들은 절도를 금지하는 법규범이 없더라도 절도를 하지 않을 것이다. 하지만 절도를 금지하는 법규범이 없다면 도덕적 동기를 충분히 갖고 있지 않은 사람들이 물건을 훔칠 확률은 훨씬 높아질 것이다. 따라서 절도죄 법규범은 그러한 절도행위를 감소시키는 작용을 할 것이다. 왜냐하면 상당수의 잠재적 절도범들은 자신들에게 가해질 제재에 대한 두려움 때문에 절도를 포기한다고 추측할 수 있기 때문이다. 이런 측면에서 절도죄 금지규범은 실효성을 갖고 있다고 말해도 무방하다.

　빨간 불일 때에는 길을 건너서는 안 된다는 금지는 분명 높은 실효성을 갖고 있는 법규범이다. 절도와는 달리 이 경우에는, 만일 이 법규범이 없더라도 빨간 불일 때 길을 건너는 것은 도덕에 반한다고 생각할 사람은 없을 것이다. 즉, 이 법규범에 합치하는 행위는 대부분 이 법규범의 존재 자체에 힘입은 것이다. 그러므로 이 법규범은 절도를 금지하는 법규범과 비교해 볼 때, 국민이 이 법규범에 합치하는 행위를 하는 데 훨씬 더 직접적인 영향을 미친다. 빨간 불일 때에는 길을 건너서는 안 된다는 금지규범은 이 법규범이 존재하지 않는다면 규범에 합치하여 행위하지 않게 될 수범자들에게 이 규범을 준수하도록 만든다는 점에서 실효성을 갖고 있다. 이뿐만 아니라 그러한 법규범이 없다면 규범에 합치하여 행위할 사람이 거의 없을 것이기 때문에 절도금지에 비해 훨씬 더 광범위한 실효성을 갖고 있다.

　다른 관점에서 보더라도 횡단금지는 절도금지와 차이가 있다. 즉, 절도금지와는 달리 횡단금지가 실효성을 갖게 되는 1차

---

26) 이 역시 규범에 합치하는 행동이다.

적인 이유는 국민들이 이를 위반했을 때 부과될 제재를 두려워하기 때문이 아니다. 오히려 대다수 국민들은 횡단금지를 자신들에게 구속력을 갖는 법규범의 내용으로 인정하기 때문에 이를 준수한다. 예를 들어 정상적인 운전자들은 자신이 이 금지를 위반하더라도 다른 사람에게 아무런 위험도 발생하지 않으며, 또한 주변 어디에도 경찰이 보이지 않는 상황임에도 이 금지규범을 준수한다. 이러한 행동은 운전자가 그 금지규범을 실재하는 법규범으로 인정하여 이를 자신의 규범으로 내면화한 데 기인한다. 이에 반해 어떤 사람이 절도금지를 구속력 있는 규범으로 인정하고 이를 내면화했다면, 이는 통상 도덕적 이유에 기인한다. 이 때에는 절도금지의 법으로서의 성격은 커다란 의미가 없다.

보통의 경우 공직자를 대상으로 하여 이들에게 국민에 대한 강제를 정립하라는 의무를 부과하는 법규범은 의심의 여지없이 그 법규범에 대한 인정을 통해 상당히 높은 실효성을 갖는다.[27]

법규범의 실효성과 관련해서는 수범자들의 규범준수가 궁극적으로 제재에 대한 두려움 때문인지 아니면 규범에 대한 자발적 인정 때문인지는 중요하지 않다. 왜냐하면 어느 경우이든 규범의 **법규범**으로서의 존재 자체가 규범에 합치하는 행위에 대한 결정적 요인이기 때문이다.

이런 의미에서 켈젠이 실효성이라는 요소에 부여하는 의미는 결코 적절하다고 볼 수 없다. 켈젠은 하나의 규범이 "사실상 적용 및 준수"된다는 점을 규범의 실효성으로 이해하고, 단순히 수범자들의 행위가 ―그 동기가 무엇이든― 실제로 이 규범에 "상응"한다는 사실을 규범준수라고 본다.[28]

켈젠의 이 견해에 대해서는 다음과 같이 비판할 수 있다. 우

---

27) 앞의 26면 이하 참고.
28) Kelsen I, S. 10 f.; 더 분명하게는 Kelsen II, S. 112 참고.

선 켈젠이 명시적으로 주장하는 것처럼 "법집행기관, 특히 법원
이 적용"하고 "법질서에 복종하는 주체들이 준수"하는 규범이 동
일한 규범일 수는 없다. 앞에서 보았듯이[29] 양자는 수범자를 달
리하는 서로 다른 규범이다. 설령 켈젠과 같이 법규범은 언제나
국가의 공직자만을 대상으로 한다고 보더라도 사정은 나아지지
않는다. "절도범은 처벌되어야 한다"는 규범이 어떻게 법원에 의
해 "적용"될 뿐만 아니라, 국민들에 의해 —켈젠에 따르면 국민
들은 수범자가 아니다— "준수"되기까지 할 수 있는가?

　이밖에도 단순히 규범에 "상응"하는 행위, 즉 규범에 합치하
는 행위가 —그 동기가 무엇인지는 관계없이— 존재하기만 하
면, 그 규범은 "실효성"을 갖는다거나 그 규범이 "준수"된다고
말하는 것은 너무나 막연한 견해이다. 예컨대 수원오염을 금지하
는 독일 형법 제324조와 관련하여, 이 규범이 존재한다는 것을
내가 안 것은 최근의 일인데도 나는 지금까지 —금지에 반하는
행위를 하지 않았다는 전제하에— 이 규범을 "준수"한 것일까?
물론 이 독일 형법 제324조나 절도금지규범이 나에게 지금까지
실효성을 갖지 못했다고 해서 언젠가 실효성을 갖게 될 가능성
까지 배제되는 것은 아니다.

　중요한 점은 다음과 같은 사실이다. 즉, 특정한 규범의 실효
성은 결코 그 규범이 존재하기 위한 전제가 아니다. 오히려 어떤
규범의 법규범으로서의 존재가 두 가지 측면에서 실효성의 사실
적 전제이다. 만일 문제의 규범이 아직 법질서에 속해 있지 않다
면 국민들은 이 규범을 법으로 인정할 이유도 없고, 이를 위반할
때 부과될 수도 있는 어떤 제재에 대한 두려움도 가질 필요가
없다. 국민이 그와 같은 동기를 갖기 위해서는 해당되는 규범이

---

29) 8면 이하.

이미 법질서의 한 부분이어야 한다. 따라서 하나의 규범을 법규범으로 만드는 것은 그 실효성과는 전혀 다른 문제이다.

심지어 법질서에 속하는 어떤 규범이 법규범으로서 존재하기 위해 전혀 실효성을 가질 필요가 없는 경우도 있다. 국민들에게 법규범의 존재가 전혀 알려져 있지 않거나 이를 위반하더라도 공직자들이 아무런 제재를 가하지 않기 때문에 실제로 국민들이 그 법규범을 전혀 준수하지 않는 경우도 발생할 수 있다. 하지만 그러한 규범도 법질서에 속하는 하나의 법규범이라는 사실에는 변함이 없다. 이 규범을 법규범으로 만드는 것은 이 규범이 법질서의 헌법을 통해 **권위를 갖게 되었고**, 법질서의 입장에서 수범자들에게 이 규범에 합치하여 행위하도록 **요구했다는** 사실 자체일 뿐이다.

물론 하나의 법질서에 속하는 다수의 규범들이 전반적으로 아무런 실효성이 없다고 밝혀진다면 그러한 규범들은 더 이상 법규범이 아니게 된다. 왜냐하면 이러한 경우에는 전체 법질서가 **대체로** 더 이상 실효성을 갖지 못하고 있고, 따라서 여기에 속하는 다른 모든 규범과 함께 법질서 자체도 법질서로서의 성격을 상실하기 때문이다.[30]

따라서 개별 법규범의 존재와 관련해서는 그 규범의 실효성은 중요하지 않다. 오히려 그 규범이 법질서의 헌법을 통한 권위를 갖추고 있는지가 중요하다. 이는 구체적으로 무슨 뜻인가? 또한 실효성 개념과는 구별되는 어떤 개념으로 그와 같은 권위를 갖춘 규범을 설명할 수 있는가?

이와 관련해서는 이미 어느 정도 논의를 했다. 즉, 하나의 규범이 헌법에 따라, 특히 헌법의 수권규범에 일치하여 성립함으

---

30) 앞의 25면 참고.

로써 그 규범은 법질서의 헌법으로부터 권위를 부여받는다. 이 때 규범은 법률일 수도 있고, 행정행위나 법관의 판결일 수도 있다. 어떠한 경우이든 특정한 **추론관계**가 있어야 한다. 다시 말해 해당하는 법규범은 논리적으로 정확한 논거의 결론이어야 한다. 이 논거의 전제에는 다른 여러 개의 사실언명과 함께 반드시 헌법의 규범도 포함되어 있어야 한다. 예를 들어 누군가가 벌금을 납부해야 한다는 규범은 **직접적으로** 헌법을 통해 또는 **간접적으로**(즉, 헌법의 하위에 있는 다른 규범의 매개를 거쳐) 헌법을 통해 권위를 부여받은 사람에 의해 제정되기 때문에 법규범이 된다.

　이처럼 권위를 갖춘 규범을 지칭하는 데에는 **유효성**이라는 개념이 아주 적절하다. 나는 앞에서[31] 하나의 규범이 (여타의 적절한 전제와 더불어) 다른 규범으로부터 논리적으로 도출될 수 있다면, 언제나 이 규범은 다른 규범과의 관계 속에서 유효성을 갖는다고 설명했다. 이와 마찬가지로 어떤 법질서의 헌법으로부터 도출될 수 있는 규범들은 이 헌법과의 관계에 비추어 법질서 내에서 **유효성을** 갖는 규범이며, 이러한 **유효성**에 힘입어 법규범으로서 존재하게 된다.[32] 그렇기 때문에 법규범이 존재하기 위한 필요조건은 실효성이 아니라, 유효성이라 할 수 있다.

　이와 관련하여 법질서에 속하는 규범들 가운데 권한을 부여받은 공직자에 의해 직접 제정된 규범들만이 논리적 도출가능성이라는 의미의 유효성을 갖는 것은 아니다. 유효성을 갖는 규범에 따른 **모든 논리적 결과** 역시 유효성을 갖는다. 예컨대 매매계약과 관련하여 매수인은 매도인에게 약정한 대금을 지불해야 한다는 민법상의 일반적 규범뿐만 아니라, B로부터 중고 TV를 산 A가 매매대금 100유로를 지불해야 한다는 구체적 규범 역시 독

---

31) 43면.
32) 앞의 28면 이하도 참고.

일 법질서에 속하는 유효한 규범이다.

물론 다음과 같은 문제가 있다. 즉, 앞에서 말한 논리적 추론과 관련하여 전제에 포함되는 사실언명이나 사실적 전제가 참인지를 분명하게 확인하는 것이 항상 가능하지만은 않다는 점이다. 앞의 보기에서 A와 B가 진짜로 중고 TV에 대한 매매계약을 체결했고, 또한 진짜로 100 유로를 그 가격으로 약정했는지가 불확실할 수 있다. 만일 이 점에 대해 다툼이 있다면, A는 B에게 100 유로를 지불해야 한다는 규범 역시 의심의 대상이 된다.

논리적 추론에 필요한 사실적 전제의 진리성 여부에 대한 의문과 도출된 규범의 유효성에 대한 의문이 다른 데 원인이 있을 수도 있다. 즉, 추론을 위한 규범적 전제에 포함되어 있는 개념이 그 사실적 전제에 비추어 몹시 불명확한 경우가 있을 수 있다. 예를 들어 잘 알지 못하는 어른을 "너"라고 부르는 것은 독일 형법상 금지되어 있는 "모욕"에 해당하는가? "너"라고 불린 사람이 쓰레기 청소부인지, 여대생인지, 교통경찰인지 또는 대통령인지에 따라 어떤 차이가 있는가? 일단 이러한 물음에 대답을 한 이후에야 비로소 "잘 알지 못하는 성인을 '너'라고 불러서는 안 된다"는 규범이 과연 유효한 법규범인지 그리고 어느 정도까지 유효한 법규범인지에 대해서도 확실하게 말할 수 있다.[33] 이처럼 법규범에 등장하는 개념들의 의미내용을 확인하는 일과 관련된 전반적인 문제점들은 제12장에서 상세히 논의하도록 하겠다.

물론 특정한 규범을 제정하는 공직자(예컨대 장관)가 과연 그러한 규범을 제정할 권한을 실제로 부여받았는지, 즉 이 규범의 제정이 법적 수권규범에 포함되는지 여부가 의문의 대상이 될 수도 있다. 그렇기 때문에 법규범의 유효성에 대한 의문은 확실

---

[33] 이에 반해 "다른 사람에게 '후레자식'이라고 말해서는 안 된다"는 규범은 명백히 유효성을 갖는 법규범이다.

히 유효성을 갖는 법적 명령규범으로부터 논리적 결론을 도출하려고 할 때에야 비로소 등장하는 문제가 아니다.

어쨌든 위의 논의는 다음과 같은 점을 알게 해준다. 즉, 하나의 규범이 유효성을 갖고, 따라서 실재하는 규범인지 여부를 언제나 간단하게 확인할 수 있는 것은 아니라는 사실이다. 비록 우리가 법규범의 유효성을 해당되는 법질서의 헌법으로부터 논리적으로 도출가능하다는 의미로 엄밀하게 개념정의를 하긴 했지만, 결코 이러한 어려움을 간과해서는 안 된다.

법질서 내에서 드물지 않게 등장하는 또 다른 문제에 대해서도 지적을 해야겠다. 앞에서 설명했듯이 "매수인은 매도인에게 매매대금을 지불해야 한다"는 법규범으로부터 상황에 따라서는 "A는 B에게 100유로를 지불해야 한다"는 개별규범이 도출될 수 있다. A가 대금지불을 거부하고, 그래서 B가 소송을 제기했다고 가정해 보자. 사안을 심리한 법관은 당사자 사이에 유효한 매매계약이 성립하지 않았다는 결론에 도달했고, 따라서 A는 B에게 대금을 지불할 필요가 없다고 판결을 내렸다. 하지만 실제로는 유효한 매매계약이 성립했었고, 법관의 판결은 명백한 오판이었다. 그렇지만 법관은 자신에게 부여된 권한의 범위 내에서 결정을 내렸기 때문에 법관의 판결은 분명 유효한 법규범이다. 이렇게 되면 우리는 논리적으로 서로 모순되는 두 개의 유효한 법규범을 앞에 두고 있는 셈이다. 즉, 한쪽은 A가 B에게 지불을 해야 한다고 하는 반면, 다른 한쪽은 A가 B에게 지불을 할 필요가 없다고 한다.

이러한 딜레마로부터 어떻게 빠져나올 수 있을까? 켈젠이 제시한 해결책은 별로 설득력이 없다. 켈젠은 법관의 판결이 없이는 "매수인은 매도인에게 대금을 지불해야 한다"는 법적 의미를 갖는 사회규범으로부터 법적으로 유효한 어떤 개별규범을 도출할

수 있는 가능성 자체를 부정한다. 법적으로 유효한 개별규범은
모두 법관의 판결과 같은 별도의 법제정 행위를 필요로 한다는
것이다.[34] 켈젠의 이러한 입장은 규범들 사이의 논리적 추론관계
를 부정하는 그의 입장과[35] 밀접한 관련이 있다. 이렇게 하여 켈
젠의 입장에서는 위에서 설명한 바와 같은 규범모순이 처음부터
배제된다.

그러나 켈젠이 제시한 딜레마 "해결책"을 그대로 따르게 되
면 현실과는 완전히 동떨어진 결론에 도달한다. 우선 법관의 판
결이 있지 않는 한, 법적으로는 어떠한 개개의 매수인도 대금을
지불해야 할 의무가 없다는 결론에 도달한다. 이는 상당히 우스
꽝스러운 결론이다. 거의 대대수의 매매계약은 소송을 거치지 않
는다. 무엇보다 매수인 스스로 법적인 지불의무를 인정하기 때문
이다. 더욱이 켈젠의 입장에 따를 경우, 소송을 관할하는 법관 R
역시 "R은 당해 법적 분쟁에 대한 결정을 내려야 한다"는, R을
대상으로 하는 개별규범을 유효한 법규범으로 인식할 수 없게
된다. 왜냐하면 이를 위해서는 R 또한 법관에게 지향된 일반적인
사회규범으로부터 그러한 개별규범을 도출할 수 있어야 하는데,
켈젠에 따르면 법관 R은 전혀 그러한 논리적 도출을 할 수 없기
때문이다.

내 생각으로는 위의 딜레마는 다음과 같이 해결하는 것이
최선의 방법이다. 즉, 논리적으로 도출된 개별규범은 이에 모순되
는 법관의 유효한 판결이 존재하지 않는 한, 명백히 유효한 법규
범이다. 만일 그러한 판결이 존재한다면, 판결의 유효성은 자동적
으로 이에 모순되는 파생규범의 유효성을 폐기한다. 이 점에서
파생된 규범의 유효성은 처음부터 제한된 유효성이다. 법적 개별

---

34) Kelsen II, Kap. 58 참고.
35) 앞의 41면 이하 참고.

규범의 유효성을 이렇게 이해하게 되면, 모든 법질서에서 필연적
으로 존재하게 되는 사법제도의 기능을 충분히 고려할 수 있게
된다.

물론 법관의 오판을 경험한 이후에도 "현행법에 따를 경우,
이 법관이 문제의 법적 분쟁을 결정해야 한다는 사실은 맞지만,
지금 이 법관이 결정한 내용은 현행법에 부합하지 않는다. 이 결
정은 사실 이 법관을 수범자로 하는 법규범을 위반한 것이다"라
고 얼마든지 말할 수 있다. 그렇지만 법관의 판결은 소송당사자
들의 법적 관계에서는 하나의 유효한 법규범이 되며, 소송당사자
는 이를 준수하지 않을 수 없다.

이제 법규범과 관련된 **효력**(Geltung)이라는 개념에 대해 논의
해 보자. 나는 앞에서36) "실효성"과 "유효성"에 관한 용어사용법
을 제안하는 가운데, 한 규범의 유효성은 언제나 그 규범이 법규
범으로 존재하기 위한 필요조건 — 물론 충분조건인 것은 아니다
— 이라고 생각했다. 효력과 관련해서는 왜 이 생각이 완전히 잘
못된 것인지를 이제부터 분명하게 밝히겠다.

우선 하나의 유효한 규범은 그것이 **법질서의 최상위** 규범인
헌법으로부터 직접 또는 간접적으로 도출될 수 있을 때에만 법
규범으로서 존재한다는 사실을 다시 한 번 상기하기로 하자. 왜
냐하면 모든 규범질서에서는 반드시 유효한, 즉 상위의 규범으로
부터 도출이 가능한 **규범**이 존재하기 마련이기 때문이다. 예를
들어 어떤 단체의 규범질서나 가톨릭교회의 위계질서 내에서도
유효한 규범이 존재한다. 물론 이러한 규범들은 국가규범이나 법
규범이 아니다.

그렇다면 헌법의 내용이 되는, 법질서의 **최상위** 규범의 법적

---

36) 54면.

성격은 어디에 근거하는가? 헌법은 파생된 규범이 아니기 때문에 명백히 **유효한** 규범은 아니다. 그렇지만 헌법 역시 실재하는 법규범이다. 특히 헌법은 여타의 모든 파생된 법규범들이 그 법적 성격을 이 헌법의 존재에 힘입고 있다는 점에서 절대적으로 중요한 의미를 갖는다.

　따라서 한 법질서의 헌법으로부터 도출가능하다는 의미의 유효성은 하나의 규범이 법규범으로 존재하기 위한 필요조건이 될 수 없다. 헌법규범은 그것이 법규범으로 존재하기 위해 유효성을 가져야 할 필요가 없기 때문이다. 법질서의 최상위 규범의 존재는 오히려 유효성이라는 형식이 아닌 다른 곳에서 찾아야 한다. 그렇다면 헌법의 법규범으로서의 성격은 어디에 근거하며, 이 법규범의 존재형식을 어떻게 표현해야 할 것인가?

　이 물음에 답하기 위해 이미 논의한 내용[37]을 함께 고려해 볼 수 있다. 결정적인 측면은 다음과 같은 점이다. 즉, 한 규범질서의 정점에 위치한 규범이 1. 물리적 강제의 집행을 내용으로 하고, 2. 특정한 형태의 실효성을 갖고 있다면, 이 규범은 한 국가의 **헌법** 또는 **법질서의 최상위 규범**이다. 어떤 개혁정당이 기획한 새로운 "국가헌법"이 전혀 법적 성격을 갖지 못하고, 따라서 법질서의 토대가 되지 못하는 이유는 두 번째 조건이 충족되지 않기 때문이다. 이에 반해 특수한 종교적 근거를 지닌 규범질서가 설령 실효성이 있다 할지라도, **오로지 피안**(彼岸)에서 받게 될 보상이나 형벌에 대한 예상 때문에 실효성을 갖는다면 위의 첫 번째 조건이 충족되지 않아서 이 규범질서는 법질서로 볼 수 없다.

　앞에서 살펴본 대로, 하나의 법질서가 일정한 강제를 정립하

---

37) 20면 이하.

는 공직자들(정확히는 대다수의 공직자들)에 의해 인정되지 않을
때에는 지속적인 실효성을 가질 수 없다. 이는 공직자로서 국민
에게 강제를 위협하거나 강제를 집행하는 사람들이 존재하는 규
범질서에 따라 자발적으로 행동해야 한다는 것을 뜻한다. 이 규
범질서의 정점에는 공직자를 대상으로 하는 규범의 유효성이 도
출되는 수권규범이 자리잡고 있다. 이러한 요건이 충족될 때에만
우리는 실제로 하나의 **법질서**가 존재한다고 보게 되며, 법질서의
최상위 수권규범은 바로 **국가헌법**이다. 다시 말해 강제를 정립하
는 사람들이 그들의 활동과 관련하여 헌법으로부터 권한을 부여
받은 다른 사람들에 의해 제정된 규범에 자발적으로 구속된다고
느껴야 한다.

결국 최상위 법규범, 즉 헌법규범의 존재는 바로 헌법에 따
라 실제적인 강제를 정립하는 공직자들이 이 헌법을 인정한다는
사실에 근거한다. 이와 관련하여 공직자들이 어떠한 동기에서 헌
법을 자발적으로 승인하는지는 중요한 의미가 없다. 그러한 동기
가 보편화가능성이 있는 어떤 도덕적 고려에 따른 경우도 자주
있지만, 단순한 전통의식 또는 개인적인 이상이나 (자연법적 또는
종교적) 신념에 근거한 것일 수도 있다.

이와 관련하여 우리는 다음과 같은 질문을 던져볼 수 있다.
하나의 수권규범은 어느 정도로 **인정될 수 있는가**? 명령규범이
인정될 수 있다는 데에는 의문이 있을 수 없다. 즉, 수범자가 어
떤 명령규범을 자신의 규범으로 받아들여서 이에 상응하는 규범
합치적 행동을 해야 할 절대적 이유로 승인한다면, 이 명령규범
은 인정을 받은 규범이다. 다시 말해 수범자가 이 규범을 준수하
는 것은 원칙적으로 그가 이 규범을 인정하기 **때문이지**, 제재에
대한 두려움 때문이 아니다.

하지만 수권규범의 수범자는 명령규범의 수범자와 같은 방

식으로 규범을 인정하는 태도를 취할 수 없다. 왜냐하면 **수권규범**은 어떤 준수할 수 있는 행위요청을 내용으로 하지 않기 때문이다. 수권규범이 수범자에게 통보하고 있는 것은, 하나의 유효한 규범을 제정한다는 목표는 수권규범에 제시된 방식을 따를 때에만 달성될 수 있다는 사실일 뿐이다. 수범자가 구체적으로 그러한 목표를 설정하고 있는지 여부는 전적으로 수범자 자신에게 맡겨져 있다. 이 점에서 수권규범은 명령규범과는 달리 결코 절대적 성격을 갖지 못한다. 즉, 수권규범에 **지향**될 수는 있지만, 이를 **준수**할 수는 없다. 따라서 수권규범의 수범자는 이 규범을 인정할 수도 없다.[38]

하지만 하나의 수권규범에 기초하여 제정된 유효한 **명령규범**의 수범자가 이 명령규범을 인정함으로써 간접적이긴 하지만 이 수권규범까지도 **함께** 인정하는 경우가 있을 수 있다. 이 때에는 문제의 수권규범이 수범자가 명령규범을 인정하기 위한 전제조건이 된다. 이 경우 수범자는 명령규범의 내용 **때문**이 아니라, 이 명령규범이 수권규범에 합치하여 제정되었기 때문에 이를 인정한다. 따라서 수범자가 규범을 제정한 사람의 **권위**를 인정하기 때문에 어떤 명령규범을 인정한다면, 이 수범자는 **간접적으로** 수권규범까지 인정하는 것이다. 하나의 법질서에서 공직자들이 자신들을 대상으로 하는 유효한 명령규범을 준수하여 국민들에 대해 강제를 정립하는 것, 이것이 곧 법질서의 헌법을 인정한다고 말할 때 뜻하는 내용이다.

이와 관련하여 규범을 제정하도록 권한을 부여하는 수권규범이 동일한 수범자를 대상으로 규범을 제정하라는 명령규범과 결합될 수도 있다는 사실을 감안해야 한다. 예를 들어 한 가족

---

38) 앞의 29면 이하 참고.

내의 규범제정자(예컨대 엄마)가 장기간 집을 떠나 있는 경우, 다른 사람(예컨대 가정부)에게 아이들에 대한 규범을 제정하도록 권한을 부여하면서, 동시에 일정한 범위 내에서 아이들에 대한 규범(명령규범)을 제정하라고 **명령**할 수 있다. 이 경우 가정부는 엄마의 **명령규범**을 당연한 것으로 인정하면서도, 이 명령규범과 결부된 **수권규범**은 인정하지 않을 수 있다. 아이들은 가정부에 대한 엄마의 수권규범을 가정부가 제정하고 아이들이 직접 인정하는 명령규범의 유효성 조건으로 파악함으로써, 이 수권규범을 간접적으로 인정할 수 있을 뿐이다. 즉, 아이들은 이 수권규범을 직접적으로 인정할 수 없다. 왜냐하면 이 수권규범은 아이들을 직접적인 수범자로 삼고 있지 않기 때문이다. 따라서 아이들이 가정부의 명령규범을 직접적으로 인정하는 이유는 아이들이 엄마의 수권규범에 비추어 가정부를 하나의 **권위**, 즉 유효한 규범의 연원으로 인정하기 때문이라고 말할 수 있다.

　　법적 수권규범의 경우에도 사정은 마찬가지이다. 법적 수권규범 역시 규범을 제정하라는 명령규범과 결합될 수 있다. 이러한 결합방식이 법질서의 최상위 단계, 즉 헌법의 단계에서 이루어지는 경우는 극히 드물다. 통상 국가의 입법자는 반드시 어떤 규범을 제정해야 하는 **의무**를 부담하지 않는다. 하지만 위계구조를 지닌 법질서의 하위단계에서는 그러한 수권규범과 명령규범의 결합을 자주 볼 수 있다.

　　간단한 보기를 들어보자. 한 법관은 자신의 관할범위 내에서 살인자를 자유형에 처해야 한다는 명령규범의 수범자일 뿐만 아니라, 동시에 경찰공무원에 대해 유죄판결을 받은 살인범을 강제력을 동원하여 교도소로 송치하라고 지시하는 유효한 명령규범을 제정할 수 있도록 하는 수권규범의 수범자이기도 하다. 경찰공무원에 대한 유효한 명령규범은 이 규범에 합치하여 집행된 강제행위가 합법성을 갖게 되어, 강제를 행사해서는 안 된다는 **일반적인 금지규범**의 적용영역에서 배제되는 결과를 낳는다. 즉, 경찰공무원은 문제의 강제행위를 집행해야 할 뿐만 아니라, 당연히 그러한 강제의 집행이 허용된다.

따라서 최상위 법규범인 헌법규범의 존재는 자세히 보면 다음과 같은 사실과 동일하다. 즉, 특정한 지역에서 실효성 있는 물리적 강제의 정립에 참여하고 있는 사람들이 그들의 활동과 관련하여 그들이 인정하는 일정한 명령규범을 준수하고, 이 명령규범의 유효성이 궁극적으로 최상위 법규범에 연원한다는 사실이다. 이 점은 다음과 같이 표현할 수도 있다. 한 사회 내에서 실효성 있는 물리적 강제를 정립하는 사람들이 스스로를 이 규범질서의 공직자로 여긴다면, 다시 말해 이들이 강제를 정립하는 활동을 할 때 헌법의 수권규범에 합치하여 제정된 규범에 구속된다고 느낀다면, 이 법적 규범질서의 헌법이 존재한다고 보게 된다. 즉, 강제를 정립하는 사람들이 문제의 수권규범을 그들이 강제를 정립해야 할 의무의 필요조건으로 보아야 한다. 이러한 수권규범이 최상위의 수권규범 또는 법질서의 헌법규범이라는 성격을 갖기 위해서는 반드시 강제를 정립하는 사람들의 일상적인 실무에서 실제로 그러한 수권규범으로서의 기능을 행사해야만 한다.

이처럼 그 개념정의 자체에 비추어 다른 규범으로부터 도출될 수 없고, 따라서 **유효성**을 갖는다고 말할 수 없는 헌법규범의 **존재**를 어떠한 개념으로 포착해야 하는가? 내 생각으로는 이와 관련하여 **효력**이라는 개념이 적절하다고 보인다. 나는 이미 다른 곳에서 한 사회규범이 한 사회나 집단 내에서 다수의 수범자들에 의해 인정되고 주장된다면, 그러한 사회규범은 해당하는 사회나 집단에서 "효력을 갖는" 또는 "효력을 보유한" 사회규범으로 표현해야 한다는 논증을 펼친 적이 있다.[39] 이러한 용어법에 따른다면, 예컨대 거짓말을 해서는 안 된다는 도덕규범이나 교회에 들어설 때에는 모자를 벗어야 한다는 예절규범은 우리 사회에서 효력을 갖고 있다. 물론 하나의 규범이 갖는 효력의 정도는 각 경우마다 다를 수 있다.

한 법질서의 헌법규범도 공직자의 다수 — 또는 최소한 고위 공직자들 — 가 헌법규범을 인정한다는 의미에서 강제를 지시 또는 집행하는 이들 공직자들 사이에서 **효력**을 갖고 있어야 한다. 이렇게 보면 헌법규범을 **법규범**으로 만드는 것은 한 사회 내에서 실효성 있는 강제를 정립하는 사람들 사이에서 이 최상위 수권규범이 **효력**을 갖고 있다는 사실이다.

특히 다음과 같은 점이 중요하다. 즉, 최상위 수권규범은 전체 **국민** 속에서 효력을 가질 필요가 없다. 다시 말해 하나의 법질서 또는 하나의 헌법이 존재하기 위해 반드시 국민의 다수가 이를 인정해야 하거나 최소한 광범한 인정이 있어야 할 필요는 없다.[40] 이 점에서 한 사회 내에서 전반적으로 아무런 효력도 없는 법질서가 얼마든지 존재할 수 있다. 이 경우에는 헌법을 인정하지 않는 일반 국민은 자신에게 지향된 명령규범을 **자발적으로** 준수해야 할 하등의 이유가 없다. 물론 그러한 법질서는 장기적으로 안정을 누릴 수 없는 것이 일반적이다. 그렇지만 국민들 사이에서 아무런 효력도 갖지 못하고 별다른 지지도 받지 못하는 독재정권의 규범질서도 적어도 실제적인 관철력을 갖고 있는 한, 법질서임에는 틀림이 없다. 즉, 적어도 이 독재정권의 유효한 명령규범이 공직자들에게는 인정을 받고 있고, 국민들이 제재에 대한 공포 때문에 이를 기본적으로 준수하고 있다면 그러한 규범

---

39) Hoerster I, S. 57 ff. 참고.
40) 앞의 26면 이하 참고.

질서는 원칙적으로 법질서이다.

우리가 방금 설명했던 규범의 효력이라는 개념에서 출발한다면 파생된, 즉 유효한 법규범의 효력은 한 사회 내에서 어떠한 일반적 의미를 가질까? 이 물음에 답하기 위해서는 몇 가지 측면을 구별할 필요가 있다. 우선 우리의 개념정의에 따를 경우, 규범의 효력은 그 유효성과는 달리, 이 규범이 어떤 다른 규범으로부터 도출될 수 있는가와 무관하다는 사실을 분명히 이해해야 한다. 그렇지 않다면 한 법질서의 헌법은 효력을 가질 수 없다. 또한 국민을 대상으로 하는 명령규범의 효력이 반드시 이 규범이 유효한 규범이라는 사실에 연유하는 것도 아니라는 점 역시 분명하게 이해해야 한다. 예컨대 거의 대부분의 사회에서 절도금지는 그것이 유효한 법규범인지와는 관계없이 ―사회규범의 하나로서― 전반적으로 효력을 갖고 있다. 우리는 이미 헌법규범의 효력은 어떠한 동기에서 이 규범이 인정되는가는 전혀 중요하지 않다는 점을 살펴보았다.41) 이는 모든 금지규범에 대해서도 마찬가지이다.

물론 한 규범의 유효성은 이 규범이 효력까지 갖고 있거나 다른 이유에서 이미 존재하고 있는 이 규범의 효력을 더욱 강화한다는 의미를 갖는다. 왜냐하면 어떤 명령규범이 유효성뿐 아니라 효력까지도 갖고 있다면, 오로지 제재에 대한 공포 때문에 준수되는 유효한 규범에 비해 훨씬 더 높은 준수가능성 및 실효성을 갖게 된다. 그렇긴 하지만 유효한 법적 명령규범이 그 유효성을 기초로 효력까지 갖게 될 것인지 여부는 분명하게 대답할 수 없는 문제이다. 왜냐하면 이미 설명한 대로 대다수 국민이 헌법을 인정하지 않고, 따라서 유효한 명령규범을 단지 그것이 유효

---

41) 앞의 60면.

하다는 이유만으로 인정을 할 이유가 없는 상황도 얼마든지 발생할 수 있기 때문이다.

이밖에도 설령 헌법을 인정하더라도 다른 **모든** 유효한 법규범을 인정하지 않을 가능성도 있다. 물론 국민 A가 헌법을 인정했다면, A로서는 이 헌법으로부터 도출된 유효한 법규범까지 인정해야 할 **충분한** 근거가 있다. 하지만 헌법에 따라 제정된 어떤 법규범의 내용이 A의 도덕적 태도나 개인적 이상에 지나치게 상반되기 때문에 A가 이러한 규범에 대한 인정을 거부할 수도 있다.

특정한 권위를 규범제정자로 인정한다는 원칙적 사실이 곧 이 권위에 의해 제정된 모든 규범을 그 내용과는 상관없이 인정해야 한다는 것을 뜻하지는 않는다. 이 점은 한 법질서의 헌법이 규범을 제정하는 국가 공직자들의 권위와 관련하여 — 예컨대 국가권력이 반드시 존중해야 하고, 절대 변경할 수 없는 개인의 기본권을 규정함으로써 — 처음부터 **일정한** 내용적 한계에 구속되더라도 마찬가지이다.

끝으로 단순한 이기주의나 어떤 비합리적 동기 때문에 일정한 명령규범에 대한 인정을 거부하는 경우도 있다. 특정한 수권규범을 인정하게 되면, 동시에 이 수권규범에 합치하여 제정된 명령규범까지 인정하는 것이 일반적이라는 사실이 곧 이에 반대되는 동기가 강력하게 표출되는 개별사례에서까지 이 **일반성**이 관철된다는 것을 뜻하지는 않는다.

그렇기 때문에 유효한 법규범(특히 유효한 명령규범)이 동시에 효력까지 갖는지 여부 및 그 정도에 대해서는 확실하게 대답할 수 없다. 어쨌든 효력을 갖는 법규범이란 국민들 사이에서 사실상 효력을 갖고 있는 사회규범으로서 동시에 법질서에 속하는 규범이라고 이해하면 된다. 물론 여러 차례 강조했듯이 이 효력을 갖는 법규범이 어떠한 동기에서 효력을 갖게 되는지는 중요하지 않다. 반드시 그 법적 유효성 때문일 필요는 없다는 점 또한 앞에서 설명을 했다. 따라서 효력을 갖고 있는 **법규범**은 그것이 헌법이 아닌 한, 언제나 유효한 법규범이기도 하다. 즉, 효력을 갖고 있긴 하지만, 유효하지 않은 규범은 이미 법규범이 아니기 때문이다.

효력을 갖는 법규범은 단순히 유효한 법규범과는 달리 언제나 전반적인 실효성을 갖는다. 그렇지 않다면 수범자들이 자발적으로 인정하고, 필요한 경우에는 이를 준수하는 법규범이 아니기 때문이다. 그러나 전반적으로 실효성을 갖고 있는 법규범 모두가 효력을 갖는 것은 아니다. 예를 들어 독재정권 하에서 국민을 대상으로 하는 유효한 법규범은 대부분 이 규범의 효력이 아니라, 오로지 국가의 제재에 대한 공포 때문에 실효성을 갖는다.

나는 내가 여기서 제시한 "유효성"과 "효력"에 관한 언어사용방식이 (법학자를 포함하여) 대다수 사람들의 언어사용방식에 썩 합치하지 않는다는 점을 잘 알고 있다. 이 두 개념은 일반적으로 같은 의미로 사용된다. "현행법"이라는 의미에서 유효한 법규범이라고 말하든, 효력이 있는 법규범이라고 말하든 별다른 차이가 없이 사용될 뿐만 아니라, 심지어 유효한 법질서라는 표현도 사용한다. 그러나 "효력"에 관한 나의 개념정의에 따른다면 효력은 그 연원이 무엇인가에 상관없이 존재하는 개개의 규범이 갖는 속성을 표현하며, 특히 이 규범이 그 기능적 측면에서 수범자들에 대해 어떠한 성격을 갖는지를 밝혀준다.

여하튼 나는 "규범 n은 효력을 가진 법이다"라는 표현이 전문용어상으로도 커다란 문제가 없다고 생각한다. 이 문장은 "규범 n은 실재하는 법질서 내에서 효력을 가진 헌법으로부터 도출될 수 있는, 유효한 법규범이다"는 긴 문장의 축약된 형태로 이해하면 된다.

　　이러한 용어의 문제보다 더 중요한 점은 위에서 설명한 대로, 법규범의 존재와 관련해서는 두 가지 방식을 뚜렷이 구별해야 한다는 인식이다. (법률가를 포함하여) 사람들의 **일상적인 언어 사용방식**만으로는 법질서와 같이 극히 복잡한 현실을 적절하게 이해할 수 없다. 왜냐하면 사람들이 현실을 그대로 반영한다고 **가정하면서** 사용하는 언어들이 실제로는 아주 본질적인 측면에서 아주 부정확하고 혼동만을 유발하는 경우가 너무나도 자주 있기 때문이다.

7 이른바 법실증주의

강제질서로서의 법개념과 법규범의 본질 및 그 유형에 대한 지금까지의 서술에서 도덕개념은 아무런 역할도 하지 않았다. 다시 말해 규범질서 전체나 개개의 규범이 **법질서**나 **법규범**이 되기 위해서는 일정한 도덕적 요청을 충족해야 한다는 식의 설명은 하지 않았다. 제7장에서는 과연 그런 식의 설명이 설득력을 가질 수 있는지를 검토하겠다. 예컨대 앞 장들에서 제시한 요건을 분명히 충족하고 있는 "제3제국"의 강제질서가 과연 "법질서"였는지, 이러한 강제질서 내에서 유효성을 가진 모든 개별규범들이 ─ 그 내용과는 관계없이 ─ 정말로 유효한 "법규범"이었는지 등의 물음을 다루기로 한다.

이러한 물음은 법철학에서 오래 전부터 아주 논란이 심한 대상이 되어 왔다. "법실증주의"를 주장하는 사람들은 완전히 도덕중립적인 법개념을 표방하는 반면, 그 적대자들은 이와 관련하여 완전히 다른 생각을 갖고 있다. 법실증주의의 적대자들은 법개념이 적어도 **어느 정도는** 도덕적 요청과 결합되는 것이 불가피하다고 여긴다. 만일 어떤 규범이 이러한 도덕적 요청을 충족하지 못한다면, 그 규범은 법이 아니라 불법이라는 것이다. 아래에서 자세히 설명하게 되겠지만, 이와 관련된 전체 문제 상황은 얼핏 보기와는 달리 아주 복잡하다. 왜냐하면 "법실증주의"라는 개념은 여러 가지 의미로 사용되고 있고, 법실증주의에 대한 비판적 논의를 위해서는 이들을 뚜렷하게 구별해야 하기 때문이다.

법실증주의 법개념을 반대하는 사람들은 물론 그들이 법개념과 관련하여 결코 포기할 수 없다고 여기는 도덕적 요청이 구체적으로 무엇이고, 또한 그러한 요청을 윤리학적으로 어떻게 근거지을 것인가 하는 문제에 직면한다. 하지만 법에 대한 근거설정의 문제는 법실증주의자에게도 중요한 문제이다. 왜냐하면 법의 개념을 도덕중립적으로 이해한다고 해서, 모든 법질서와 모든 법규범이 그것이 존재하기만 하면 곧 윤리적으로도 정당하다는 의미는 아니기 때문이다.

여기 제7장에서 제기하는 물음들과 관련하여 어떤 사람들은 나의 지금까지의 설명에 이미, 비록 불확실하긴 하지만, 어느 정도 법과 도덕의 결합을 전제하는 내용이 담겨 있다고 생각할지도 모른다. 특히 법질서가 실효성을 갖기 위해서는 반드시 이 법질서의 헌법을 공직자들이 자발적으로 인정하고 승인해야 한다는 앞의 설명42)에 이미 법과 도덕의 결합이 포함되어 있다고 생각할 수 있다. 과연 이러한 나의 주장으로부터 모든 법질서의 궁극적인 기초가 공직자들의 **도덕적 태도**에 놓여 있다는 결론을 도출할 수 있을까?

특정한 **내용적** 요청을 반드시 법개념에 포함시켜야 한다는 의미로 이러한 결론을 도출한다면 이는 전혀 나의 주장에 부합하지 않는다. 왜냐하면 공직자들이 인정하는 국가헌법은 완전히 서로 다른 내용을 가질 수 있기 때문이다. 물론 공직자들이 취하는 태도가 다른 종류의 규범적 태도 — 예를 들어 관습이나 전통에 따른 태도 — 와는 뚜렷이 구별되는 일정한 **형식적** 기준을 충족한다는 의미에서 어느 정도 도덕적 성격을 갖는다고 볼 수도

---

42) 26면 이하.

있다. 나는 다른 곳에서 하나의 도덕적 태도는 ― 그 구체적 내용과는 상관없이 ― 그러한 태도를 견지하는 사람이 개개의 구체적 사람이나 상황으로부터 독립된 보편화가능한 형식을 주장한다는 점에서 여타의 규범적 태도와 구별된다는 사실을 논리적으로 밝힌 바 있다.[43]

헌법에 대한 공직자의 규범적 태도가 필연적으로 이러한 형식적 의미의 도덕적 성격을 갖는가? 전혀 그렇지 않다는 것이 이 물음에 대한 답이다. 물론 공직자들의 규범적 태도가 도덕적 성격을 지니는 경우도 자주 있다. 예를 들어 현재 독일의 공직자들 가운데 상당수는 그들이 인정하고 있는 헌법을 적어도 그 민주주의적 내용에 비추어 볼 때, 전 세계의 국가기관들 역시 인정하고 있으리라(즉 독일의 법질서가 보편화가능성을 갖고 있다고) 생각하고 있을 것이다. 그러나 공직자들이 반드시 그렇게 생각해야만 하나의 법질서가 실효성을 갖고 기능하는 것은 아니며, 또한 모든 시대와 모든 국가의 공직자들이 실제로 그렇게 생각하는 것도 아니다. 역사상의 또는 현재의 상당수 국가들에서 공직자들은 자신들의 국가를 뛰어넘어 보편화가능성이 있는 어떤 요청을 제기하는 것이 아니라, 자기 나라의 전통이나 고정관념에 상응하는 태도를 취하는 것이 보통이다.

수십 년 전부터 독일의 법률가나 일반 대중들 사이에서 법실증주의만큼 악명 높은 법철학적 입장은 찾아볼 수 없었다. 그 이유는 무엇보다 법실증주의를 표방하는 사람들이 실제로는 전혀 주장하지 않는 내용을 마치 법실증주의의 입장인 것처럼 오해하는 데에 있다. 이로 인해 실제로는 상당히 설득력을 가진 견해마저도 완전한 오류로 치부될 뿐만 아니라, 법실증주의 자체마저

43) Hoerster I, S. 61 f. 참고.

갈수록 악명이 높아지는 악순환을 거듭한다.

이러한 나의 주장을 뒷받침하기 위해 여기에서는 법철학의 근본문제에 대해 아주 상세하게 자신들의 입장을 표명하고 있는 독일의 저명한 법학자 한 사람과 철학자 한 사람을 인용해 보기로 하자. 내가 법실증주의에 대한 이들의 서술을 비판하는 목적은 흔히 법실증주의적이라고 말하는 여러 가지 견해들 사이의 차이점을 분명하게 밝히고, 이를 통해 법실증주의가 주장하는 참된 내용에 대한 논의가 제대로 이루어지도록 하기 위한 것이다.

법학자 마틴 크릴레(Martin Kriele)는 "제정법, 즉 권력자가 제정하고 강제수단을 빌어 관철하는 법"만이 법실증주의가 말하는 법이라고 쓰고 있다. 크릴레는 이어서 다음과 같이 말한다. "법실증주의는 정의에 대한 물음이 정치적이고 도덕적 성질의 것이어서 법률가들의 직업생활에서는 아무런 의미도 갖지 못하며, '법률은 법률이다'라고 가르친다. 그렇지 않을 경우에는 어떠한 국가질서도, 어떠한 구속력 있는 결정도, 어떠한 법적 안정성도, 어떠한 평화도 불가능하다는 것이 법실증주의의 입장이다."[44] 크릴레는 또한 법실증주의 이론에 따르면 "입법자는 법률가집단에 대해 …… 법제정독점권을 갖고 있다"고 한다.[45]

이밖에도 크릴레는 법실증주의가 상대주의와 밀접한 관련이 있다고 본다. 즉, 법실증주의는 "자연법의 명령"을 거부하고,[46] 따라서 자연법으로부터 도출되는 "정의의 논거"까지도 부정한다고 한다.[47] 그리하여 크릴레는 법실증주의가 "자유 법치국가질서와 불법체제의 차이를 도덕적 측면에서 원칙적으로 같은 가치를

---

44) Kriele I, S. 4.
45) Kriele I, S. 66.
46) Kriele I, S. 6.
47) Kriele I, S. 9.

갖는 체제 사이의 상대적인 차이에 불과한 것으로 본다"고 단정한다.[48]

크릴레에 따르면, 법실증주의자들이 입법자만이 질서와 법적 안정성을 보장할 수 있다고 생각하는 이유는 바로 이러한 상대주의적 기본입장의 탓이라고 한다. 즉, 법실증주의자는 "법정책적 및 법학적 문제는 늘 다툼의 대상이기 때문에, 만일 각자가 전체의 결정을 도덕적으로 승인할 때에만 법이 구속력을 가진다고 하면, 이는 결국 무정부상태가 된다"는 식으로 생각한다는 것이다.[49] 그렇기 때문에 법실증주의는 "법관의 법형성"의 가능성을 최대한 억제하고, 법관을 "순수한 법적용기계"로 파악하려고 한다는 것이 크릴레의 주장이다.[50]

법실증주의를 기본적으로 크릴레와 아주 비슷하게 이해하는 입장은 철학자 오트프리드 회페(Otfried Höffe)에게서도 찾아볼 수 있다. 회페는 법실증주의가 무정부주의의 정반대 입장이라고 본다. 그에 따르면 무정부주의는 여하한 법질서도 정당하지 않다고 보는 반면, 법실증주의는 모든 법질서를 정당하다고 본다고 한다. "엄격한 법실증주의 및 국가실증주의의 테제는 법과 국가에 대한 백지위임 또는 이에 대한 무조건적인 긍정을 본질로 한다."[51]

따라서 회페가 보기에 법실증주의는 "어떠한 규정이든지 법이 될 수 있다고 보며, 이 점에서 법적 무정부주의(Rechtsanarchismus)"와 같은 의미라고 한다.[52] 그리하여 법에 대한 "초실정적 비판은 법실증주의로서는 아무런 의미도 없으며", "정의에 대한 물음이

---

48) Kriele I, S. 17.
49) Kriele II, S. 423 f.
50) Kriele I, S. 66.
51) Höffe, S. 20.
52) Höffe, S. 434.

살아남을 여지를 전혀 남겨두지 않는다"고 한다.[53] 이로 인해 법실증주의는 "실정법과 국가를 절대시"하고 "정치적 탈도덕주의와 권력냉소주의"의 성향을 강화하는 결과를 낳는다는 것이 회페의 생각이다.[54]

철학자인 회페가 법실증주의 입장에 만족할 수 없고, 그 때문에 법실증주의에 대항하여 "법과 국가에 대해 …… 윤리적 관점에서 그 근거를 모색"[55]하고자 하는 소명을 느끼는 것은 쉽게 납득할 수 있다. 이를 위해 회페는 "근본적인 철학적 성찰을 수반하여 …… 법과 국가에 대한 논의를 철두철미하게 새로운 관점에서 접근함으로써" 법실증주의와 "법과 국가를 지배자의 자의에 내맡겨도 좋다는 법실증주의의 냉소적인 결론"을 반박할 수 있어야 한다고 한다.[56]

크릴레와 회페의 저작에 나타나 있는 법실증주의에 대한 이러한 이해는 독일에 만연되어 있는 입장에 비추어 볼 때에도 전혀 이례적이라 할 수 없다. 이러한 이해방식에 따르면 법실증주의의 핵심은 이렇게 요약할 수 있다. 즉, 권력에 기초한 모든 법질서는 언제나 정당성과 구속력을 갖고 또한 복종할 가치가 있으며, 법질서 내의 유효한 법률에 대한 도덕적 비판은 잘못이다. 이 밖에도 크릴레의 서술을 자세히 고찰해 보면 그와 회페가 주장하는 이러한 핵심테제 이외에도 법학적 측면에서 특수한 의미가 있는 다른 테제들까지도 법실증주의의 입장인 것처럼 여기고 있다.

이하에서는 앞에서 언급한 법실증주의의 핵심테제와 여타의

---

53) Höffe, S. 18.
54) Höffe, S. 23.
55) Höffe, S. 19.
56) Höffe, S. 28, S. 26.

테제들이 과연 얼마만큼 대표적인 법실증주의자들이 이해하고 있
는 법실증주의의 내용을 제대로 반영하고 있는지를 검토해 보고
자 한다. 특히 실제로 주장되고 있는 형태의 법실증주의 자체가
과연 근거가 있는지 여부를 살펴보겠다. 크릴레나 회페와 같은
법실증주의의 적대자들이 흔히 법실증주의의 입장이라고 주장하
는 것은 다섯 가지의 테제이다. 이들 다섯 가지 테제를 면밀하게
서술하고 각 테제를 엄밀히 구별하는 일은 법실증주의에 대한
비판적 평가를 위해 반드시 전제되어야 한다. 다섯 가지 테제의
내용은 다음과 같다.

1. 법에 대한 개념정의는 내용적인 중립성을 가져야 한다(중
   립성테제).
2. 법의 개념은 법률의 개념을 통해 정의되어야 한다(법률테
   제).
3. 법의 적용은 가치평가가 배제된 포섭을 통해 이루어진다
   (포섭테제).
4. **정당한** 법의 척도는 주관적이다(주관주의테제).
5. 법규범은 어떠한 경우에도 준수해야 한다(준수테제).

    이미 수십 년 전부터 법실증주의의 적대자들이 법실증주의
에 속한다고 주장하는 내용은 거의 대부분 이 다섯 가지 테제의
일부 또는 전부를 포함하고 있다. 그러나 그들의 주장은 대부분
전혀 분석적 명확성과 섬세한 구별을 하지 않은 채 이루어진
다.[57]
    과연 이러한 테제들은 "법실증주의자"를 자처하는 학자들이

---

57) 이 점은 크릴레와 회페의 저작에서 인용한 위의 내용을 참고.

실제로 주장하는 것인가? 이 물음에 대해서는 폭넓게 다루지는 않겠다. 여기서는 지난 20세기에 의심의 여지없이 가장 중요하고 또한 가장 유명한 두 명의 법실증주의자, 즉 이미 우리가 여러 번 거명했던 두 법철학자 켈젠과 하트에만 국한시켜 논의하도록 한다.

켈젠과 하트와 같은 법실증주의자들이 위의 다섯 가지 테제의 전부 또는 일부만을 주장했는지 여부와 관계없이 각 테제와 관련하여 그 설득력과 근거설정을 면밀히 탐구해 보아야 한다. 왜냐하면 우리에게 중요한 것은 1차적으로 과연 이른바 법실증주의가 올바른 이론인지 여부가 아니라, 법과 도덕이 어떤 의미에서는 서로 관련을 맺고 있다는 의심할 수 없는 사실에 비추어 법의 개념을 어떻게 이해하고 정의해야 할 것인가라는 물음이기 때문이다.

<테제 1에 대하여> 법개념에 대한 정의가 내용적 중립성을 지녀야 한다는 중립성테제는 실제로 모든 법실증주의적 고찰방식의 핵심이다. 이 테제는 특히 켈젠과 하트 역시 명백히 주장하고 있다. 그 때문에 켈젠에 따르면 "어떠한 내용도 법이 될 수 있다."[58] 하트 역시 넓은 의미의 법개념에서는 "법질서의 형식적 기준을 충족하고 있다면, 설령 관련된 사회의 어떤 도덕이나 우리가 계몽과 진리라고 여기는 도덕에 반하는 규범일지라도" 이를 법이라고 지칭해야 한다고 명시적으로 주장한다.[59]

이 중립성테제는 법과 도덕의 구별이라는 의미에서 흔히 "분리테제(Trennungsthese)"라고 부르기도 한다. 하지만 분리테제라는 표현은 오해를 불러일으킬 소지가 있다. 테제 1은 결코 한 사회의 법질서에서는 어떠한 도덕적 가치나 확신이 개입되어 있지

---

58) Kelsen I, S. 201.
59) Hart I, S. 209.

않고, 또한 그래서도 안 된다는 뜻이 아니다. 법실증주의는 법의 **성립**과 관련된 사실상의 문제나 규범적·정치적 문제에 대해 어떤 태도를 취하지 않는다. 중립성테제는 또한 실재하는 법규범이 일정한 도덕적 원칙이나 확신을 명시적으로 한 사회의 법질서에 수용할 수 없다는 것을 의미하지도 않는다. 예를 들어 독일 민법 제138조는 "선량한 윤리(또는 풍속)에 반하는" 법률행위는 무효라고 규정하고 있다. 이 경우 "선량한 윤리"를 끌어들이고 있는 현행법의 내용이 무엇인지를 탐구하는 것은 법실증주의로서도 아무런 문제가 없다. 왜냐하면 법규범은 "선량한" 윤리를 원용할 수도 있고, "저열한" 윤리나 "유대인" 윤리를 원용할 수도 있기 때문이다. 위에서 설명했듯이 중립성테제는 이와 같이 윤리를 원용하는 것 자체를 부정하지는 않는다.

이미 말했듯이 중립성테제는 법에 대한 법실증주의적 이해의 중심에 서 있으며, 오늘날까지도 법학자와 철학자들 사이에서 격렬한 논란의 대상이 되고 있다. 그렇기 때문에 이 다음 장에서는 이 테제에 대한 찬반논거를 아주 자세히 살펴보도록 하겠다. 여기서는 일단 테제 2부터 테제 5까지를 살펴보고, 법실증주의의 중립성테제가 나머지 4개의 테제와는 전혀 관계가 없다는 사실을 밝히도록 하겠다.

<테제 2에 대하여> 법률개념을 통해 법개념을 정의하는 것, 즉 법과 법률을 동일시하는 것이 의미가 있을까? 아마도 법실증주의자는 당연히 그렇다고 여길 것이다. 왜냐하면 법실증주의자에게는 법실증주의라는 단어를 구성하고 있는 "실증적(또는 실정적 positiv)"이라는 표현이 모든 법은 입법자에 의해 제정되어야 한다는 의미로 받아들여지기 때문이다. 그러나 법률테제는 철저히 거부되고 있고, 현대의 어떠한 법실증주의자도 이 테제를 주장하지 않는다. 그 이유는 간단하다. 즉, 하나의 법질서 내에는

제정법뿐만 아니라 관습법이나 법관법도 당연히 존재할 수 있기 때문이다.

그렇다면 관습법이란 무엇인가? 관습법이란 보통 하나의 법질서 내에서 수범자들이 비록 법률제정에 기초하지는 않지만, 유효성을 지닌 제정 법률과 마찬가지로 구속력을 가진 규범으로 인정하는 관습이나 규칙을 말한다.

정확히 어떠한 기준에 따라 하나의 규범을 관습법적 규범이라고 할 수 있는지는 여기서는 대답하지 않겠다. 여하튼 대부분의 법질서에서는 관습에 기초하는 규범이 실재하는 법규범으로 승인되는 경우가 있다는 사실만은 확실하다. 특정한 법질서가 실제로 제정법 이외에 관습법도 포함하고 있는지는 각 법질서마다 구체적으로 검토를 해보아야 한다. 하지만 영국과 같이 심지어 법질서의 헌법 자체가 관습법적 성격을 갖는 경우도 있다.

켈젠과 하트 역시 법질서 내에 관습법이 존재할 가능성이 있다는 사실을 명시적이고 상세히 지적하고 있다.[60] 그러나 관습법규범은 법규범의 본질에 대한 켈젠의 이해와 결코 합치할 수 없다는 사실을 여기서 지적해야 하겠다. 이는 무엇보다 규범을 제정할 권한을 부여받은 권위에 의해 **정립**된다는 사실이 규범의 본질에 속한다고 보는 켈젠의 입장 때문이다. 켈젠 자신의 말을 빌리자면 "규범을 정립하는 권위가 없이는 규범도 없다."[61] 하지만 관습법은 일반적인 도덕규범이나 예절규범과 마찬가지로 누군가에 의해 제정되는 규범이 아니다. 한 사회에서 이와 같은 규범의 존재나 효력은 그 사회 대다수 구성원들이 이 규범에 동의한다는 사실, 즉 다른 구성원들에 대해 이 규범을 주장하고 또한 수범자로서 이 규범을 인정한다는 사실에 힘입은 것이다.

---

60) Kelsen I, S. 9, S. 231 f; Hart I, S. 44 ff.
61) Kelsen II, S. 23.

예컨대 우리들 각자는 여름에도 완전히 벌거벗고 길거리를 다녀서는 안 된다는 예절규범을 다른 사람들에 대해 주장할 뿐만 아니라,[62] 우리들 스스로의 행위지침으로 인정한다. 이러한 규범 에서는 부모나 입법자와 같은 권위를 통한 규범제정에서 전형적 으로 나타나는 위계질서의 관계를 찾아볼 수 없다.

어떠한 관습이든지 "일정한 시간" 동안 지속이 되면 자동적 으로 규범이 된다는 켈젠의 입장[63] 역시 타당하지 않다. 지속성 을 갖고 있긴 하지만, 전혀 규범적 요구와 결부되지 않는 사회적 관습은 수없이 많다(예컨대 매일 TV 시청을 하는 것). 모든 관습이 곧 구속력을 지닌 규범을 만들어 내는 것은 아니다.

이 밖에 법관법은 관습법의 한 종류로 파악하는 것이 가장 정확할 것이다. 한 법질서 내에서는 법관법 역시 특별한 수권이 없이도 승인을 받을 수 있다.

다만 법관법의 개념을 잘못 이해해서는 안 된다는 점이 중 요하다. 여기서 말하는 법관법은 법관이 개별사례에서 자신에게 부여된 권한의 범위 내에서 법적 구속력을 갖추어 선고한 법(개 별적 법규범)을 의미하지 않는다. 구속력을 가진 개별사례의 결정 이라는 의미의 법관법은 법관의 기능에 따른 필연적 결론이며, 따라서 모든 종류의 법질서에서 당연히 발생하는 현상이다. 그러 나 여기에서 말하는 독자적인 법원(法源 Rechtsquelle)으로서의 법 관법이란 한 법질서의 사법부 내에서 재판과 관련하여 특정한 규범적 관습이 형성됨으로써 성립하게 된 구속력 있는 사회규범 을 뜻한다. 다시 말해 법관의 재판이 이른바 "선결례(Präjudizien)" 라는 형태로 법률의 기능을 얻게 되고, 이 점에서 다른 국가공직

---

62) 이를 어기는 사람들에 대해서는 경멸과 같은 비공식적인 제재를 가 한다.
63) Kelsen I, S. 9.

자, 특히 사법부에 대해 장래의 재판과 관련하여 구속력을 행사하는 경우, 그러한 규범은 법관법이 된다.

이와 같은 특수한 종류의 사법적 관습법 — 영미법에서 발하는 이른바 **판례법**(case law) — 역시 법질서 내에서 수권에 기초한 제정법을 보충하는 중요한 역할을 한다.

여기서 다시 테제 2인 법률테제가 중립성테제(테제 1)와는 전혀 관계없다는 사실을 지적할 필요가 있다. 무엇보다 테제 2가 오류라는 사실이 중립성테제에 아무런 영향도 미치지 않는다. 왜냐하면 위에서 설명한 관습법이나 법관법도 원칙적으로 내용적으로 중립성을 갖도록, 즉 순전히 형식적 기준에 따라서만 확인·서술할 수 있다. 제정법과 관련하여 중립성테제가 충분한 근거가 있다고 밝혀진다면, 관습법이나 법관법과 관련해서도 하등 다를 이유가 없다.

<테제 3에 대하여> 포섭테제 또한 법률테제와 마찬가지로 적어도 현재에 이를 진지하게 주장하는 사람은 아무도 없다. 법실증주의자 켈젠과 하트 역시 법을 적용하는 공직자, 특히 법관을 — 크릴레가 상상하는 것처럼[64] — 단순한 "자동기계"로 파악하는 입장과는 거리가 멀다. 두 법학자는 오히려 법을 적용하는 수많은 결정에서는 주어진 법규범으로부터 논리적으로 도출될 수 있는 단 하나의 해결책만이 존재하는 것이 아니라는 점을 명백히 강조한다.[65] 켈젠과 하트의 이러한 입장이 왜 실제로도 정당하며, 또한 그 구체적인 결론이 무엇인지에 대해서는 제12장에서 상세히 논의하도록 한다.

테제 3의 내용과는 반대로 오늘날 법적용이 가치평가로부터 완전히 벗어날 수 없다는 것은 분명한 사실이다. 그렇다고 해서

---

64) 앞의 73면 참고.

65) Kelsen I, S. 350 ff.; Hart I, 제7장.

이러한 사실이 법실증주의의 중립성테제와 모순되지는 않는다. 왜냐하면 어떤 공직자가 자신이 가진 권한의 범위 내에서 법을 적용해야 할 사례와 관련하여 아직 아무런 결정을 하지 않는 한, 이 사례와 관련하여 무언가 서술할 수 있는 법적 해결책 역시 존재하지 않기 때문이다. 물론 그 공직자가 결정을 한 이후에는 그 결정에 대해 완전히 중립적으로 서술할 수 있다. 어떤 법관이 나름대로 가치평가를 해야만 한다는 사실이 곧 이 법관의 판결이 법적 구속력을 갖는다고 기사를 쓰는 신문기자까지도 동일한 가치평가를 해야 한다는 것을 뜻하지는 않는다. 공직자를 통한 법적용에 자주 가치평가가 개입한다는 사실은, 입법자의 법제정에 가치평가가 개입하는 것이 일반적이라는 사실과 마찬가지로 중립성테제를 전혀 해치지 않는다.

<테제 4에 대하여> 주관주의테제는 정당한 법에 관한 객관적인 척도나 기준이 존재하지 않는다는 것을 뜻한다. 다시 말해 인간의 희망이나 욕구와는 무관한 초실정적인 윤리적 기준이나 규범이 있어서, 이를 통해 법질서의 실정규범이 정당성을 갖기 위해서는 어떠한 모습을 띠어야 하는지를 확인할 수 있다는 식의 사고를 주관주의테제는 철저히 거부한다.[66] 이런 의미에서 주관주의테제는 이른바 자연법의 존재 또한 부정한다. 하지만 주관주의테제는 각자의 주관적 이해관계를 토대로 법에 대한 일정한 내용적 요구를 상호주관적으로 근거지을 가능성까지 부정하는 것은 아니다.

중립성테제를 주장하는 법실증주의자라면 대부분 주관주의테제도 함께 주장한다. 특히 켈젠과 하트도 주관주의테제를 주장한다.[67] 이 주관주의테제에 대해서는 법에 대한 일정한 내용적 요

---

66) 초실정적 규범의 개념에 대해서는 앞의 44면 이하 참고.
67) Kelsen I, S. 420 ff; Hart I, S. 185 ff.

구를 상호주관적으로 근거짓는 문제를 다루는 제9장에서 더 자세히 논의하도록 한다.

주관주의테제는 중립성테제로부터 **독립성**을 갖는가? 이 물음은 지금까지 다루었던 테제들의 경우와는 달리 간단하게 대답할 수 없다. 여하튼 대부분의 법실증주의자들이 중립성테제와 주관주의테제를 동시에 주장한다는 사실은 단순한 우연은 아닌 것 같다. 두 테제의 관련성을 다음과 같이 설명할 수도 있다. A는 인식론적 근거에서 어떠한 초실정적 행위척도나 규범도 인식할 수 없다는 확신을 갖고 있다. 즉, A는 우리가 어떠한 초실정적 규범도 인식할 수 없다는 확신을 갖고 있다. 따라서 A로서는 법개념을 정의할 때 경험적인 현실 속에 존재하는 법질서의 성격에만 초점을 맞추게 된다.

두 테제를 이렇게 연결시키는 것은 분명 심리적 설득력이 있다. 그러나 논리적 설득력까지 갖는다고 볼 수는 없다. 그 이유는 이렇다. 1. 설령 "자연법"이 실제로 존재하여 주관주의테제가 오류로 밝혀지더라도 가변적인 내용을 갖는 경험세계의 법과 불변의 내용을 가진 초실정적 법을 개념적으로 구별하는 것은 얼마든지 가능하다. 따라서 중립성테제가 반드시 주관주의테제를 전제로 삼아야 할 필요는 없다. 2. 자연법은 존재하지 않기 때문에 주관주의테제가 옳다고 밝혀지더라도, 각 국민들이 절대적이라고 믿는 도덕에 비추어 법개념에 일정한 내용적 제한을 가하는 것도 얼마든지 가능하다. 따라서 주관주의테제만으로는 중립성테제를 근거지을 수 없다. 그렇기 때문에 두 테제는 **모든** 측면에서 논리적으로 서로 독립되어 있다.

물론 중립성테제를 긍정하면서 동시에 주관주의테제를 부정하는 것이 **용어사용**의 측면에서 문제가 있을 수 있다는 점은 인정해야 한다. 왜냐하면 만일 그렇게 되면 확고한 내용의 "자연법"이 존재한다고 보면서도, 이 자연법이 ― 여하튼 자연법을 감안하지 않는 대다수 국가에서는 ― 결코 "법"이 아니라는 결론에 이르기 때문이다. 그러나 "자연법" 역시 어떻든 "법"이라 불러야 하지 않겠는가?

제9장에서 논증을 하겠지만 사실상 "자연법"은 존재하지 않는다. 따라서 앞서 말한 용어사용의 문제는 발생하지 않는다. 그럼에도 용어사용의 문제가 있다고 생각한다면, 이 문제는 다음과 같이 해결할 수 있다. 즉, 법개념을 하나의 국가 강제질서 내에서 실제로 존재하거나 또는 객관적 관점에서 존재해야 할 모든 규범들의 상위개념으로 사용하여, 두 번째 종류의 규범은 "자연법" 또는 "초실정적 법"으로, 첫 번째 종류의 규범은 "실정법"으로 부르면 된다. 이렇게 보면 앞의 법실증주의의 다섯 가지 테제에서 "법"이라는 단어를 "실정법"이라는 단어로 대체하면 그만이다. 용어사용을 이렇게 하더라도 법실증주의를 둘러싼 논쟁과 법실증주의의 중립성테제에 대한 찬반논거 자체에는 아무런 영향을 미치지 않는다.

<테제 5에 대하여> 준수테제는 명백히 규범표명적 성격의 것이다. 다시 말해 이 테제는 법내재적 테제가 아니라, 윤리적 또는 도덕적 테제이다. 왜냐하면 실재하는 법질서의 규범들은 이 법질서의 관점에서 보면 구속력이 있고, 따라서 이를 준수해야 한다는 점은 너무나도 당연한 얘기여서 특별히 언급할 필요조차 없기 때문이다.

도덕적 의미의 준수테제를 주장하는 현대의 법실증주의자는 아무도 없으며, 켈젠과 하트 역시 이 테제를 주장하지 않는다.[68] 만일 법실증주의적 계몽을 시도하면서도 이 테제를 주장한다면,

---

68) Kelsen I, S. 70; Hart I, S. 207 ff.

중립성테제를 지지하는 사람으로서는 전혀 설득력을 갖지 못할 것이다. 왜냐하면 만일 중립성테제를 주장하면서 동시에 준수테 제를 주장하는 것은 결국 어떠한 내용을 가진 법규범이든지 도덕적 구속력을 갖고 또한 준수할 가치가 있다는 결론에 도달할 것이기 때문이다. 각각의 법질서와 관련하여 법이 어떠한 내용을 갖는가 하는 물음에 아주 개방적인 입장을 취하는 법실증주의자 로서는 법의 내용을 어떻게 평가해야 하며, 법규범이 어떤 규범적, 특히 도덕적 관점에서 궁극적으로 준수할 가치가 있는가 하는 물음에 대해서도 개방적인 입장을 취한다.

　이러한 사정에 비추어 볼 때, 무엇 때문에 크릴레와 회페가 법실증주의를 존재하는 모든 법질서와 모든 법규범은 그 자체 정당하고 또한 준수할 가치가 있다고 주장하는 이론으로 여기는지 도저히 알 수가 없다. 예컨대 크릴레가 법실증주의는 자유적 법치국가와 불법체제의 차이를 단순히 "도덕적 관점에서 원칙적으로 동등한 가치를 갖는 체제들 사이의" 차이로 볼 뿐이라고 주장하는 이유는 무엇인가?[69] 또한 회페가 법실증주의는 "어떠한 내용을 가진 규정이든 현행법이 될 수 있다"는 냉소적인 탈도덕주의라고 주장하는 이유는 무엇인가?[70] 그러한 주장들은 전혀 학문적인 논쟁으로 볼 수 없다.

　한 사람이 어떤 법질서나 법규범을 어떠한 경우에 도덕적으로 정당하고 준수할 가치가 있다고 여기는지는 당연히 그 사람의 규범적 태도에 달려 있다. 그리고 이러한 규범적 태도를 합리적으로 근거지을 수 있는지 여부나 그 정도는 윤리학적 성찰에 달려 있다. 이런 측면에서 주관주의테제에 대한 메타윤리학적 물음은 준수테제와 관련하여 아주 중요한 의미가 있다. 그렇기 때

---

69) 앞의 72면.
70) 앞의 74면.

문에 제9장에서 주관주의테제를 논의한 후, 제11장에서 준수테제
를 자세히 다루도록 하겠다.

이상의 논의에 비추어 다음과 같이 결론을 내릴 수 있다. 법
실증주의의 적대자들이 별다른 구별도 하지 않고서 법실증주의에
귀속시키는 위의 다섯 가지 테제 가운데 테제 2, 3 및 5는 법실
증주의가 실제로 주장하는 내용이 아니다. 물론 법실증주의의 지
지자들은 테제 1을 주장하며, 테제 4를 주장하는 경우도 많다.
그러나 이 두 가지 테제는 서로 논리적 연관성이 없기 때문에,
각 테제마다 별도로 그 근거를 따져보아야 한다. 또한 두 테제가
서로 독립되어 있다는 점에서 법실증주의 이론은 오로지 모든
"법실증주의자들"의 핵심테제인 중립성테제를 통해서만 개념정의
를 하는 것이 바람직하다. 이 점에서 다음 장에서는 이 중립성테
제를 자세히 논의하도록 한다.

8 | 도덕중립적 법개념

중립성테제에 대한 비판 가운데 독일의 법사상에 가장 강력한 영향을 미친 것은 구스타프 라드브루흐(Gustav Radbruch)의 비판이다. "제3제국"이 종말을 고한 직후에 출간된 몇 개의 작은 논문들에서 라드브루흐는 저 유명한 "법률적 불법"에 관한 이론을 전개하고, 이를 통해 그 자신도 초기에 주장했던 중립성테제와 거리를 두게 된다.

라드브루흐의 핵심테제는 이렇다. "만일 법률이 정의에 대한 의지를 의식적으로 부정한다면 …… 국민은 그러한 법률에 복종할 의무가 없으며, 법률가 역시 그러한 법률의 법적 성격을 박탈할 용기를 가져야 한다."[71] 이에 반해 법실증주의는 나치 치하에서 "독일의 법률가들을 자의적이고 범죄적인 내용의 법률에 저항하지 못하는 무기력한 존재로 만들어버렸다"고 한다.[72] 그렇기 때문에 "법실증주의를 철저히 극복"함으로써 그러한 불법국가가 다시는 반복되지 않도록 스스로를 무장해야 한다는 것이 라드브루흐의 결론이다.[73]

법실증주의의 "극복"이라는 라드브루흐의 핵심테제는 상당히 복잡한 논증과정을 거친다. 이 논증에서 결정적인 의미가 있는

---

71) Radbruch, S. 79.
72) Radbruch, S. 88.
73) Radbruch, S. 90.

구절은 이렇다. "정의와 법적 안정성 사이의 갈등은 다음과 같이 해결할 수 있을 것이다. 즉 제정(Setzung)과 권력에 의해 보장된 실정법은 그 내용이 정의롭지 못하고 합목적성이 없다고 할지라도 일단은 우선권을 갖는다. 그러나 실정 법률의 정의에 대한 위반이 참을 수 없을 정도에 이르렀다면, '부정당한 법'인 그 법률은 정의에게 자리를 물려주어야 할 것이다. 물론 어떠한 경우에 법률적 불법이며, 어떠한 경우에는 비록 부정당한 내용을 지녔지만 그럼에도 효력을 갖는 법률인지를 확연하게 구별하는 것은 불가능하다. 그러나 한 가지 경계선만은 명백하게 확정할 수 있다. 즉 결코 정의를 추구하지 않는 경우, 다시 말해서 실정법을 제정하면서 정의의 핵심을 이루는 평등을 의식적으로 부정한 경우, 그 법률은 단순히 '불법'에 그치지 않고, 법의 성질 자체를 갖고 있지 않다. 왜냐하면 실정법을 포함한 모든 법은 정의에 봉사하는 의미를 갖는 질서와 규정이라고 개념정의 할 수밖에 없기 때문이다."[74]

이 구절을 자세히 분석해 보면, 라드브루흐의 입장에서는 정의에 모순되는 세 가지 유형의 법률이 구별된다는 점을 알 수 있다. 1. 단지 "정의롭지 못하고 합목적성"이 없어서 "부정당한 법"이라고 불러야 할 법률. 2. 정의에 대한 모순이 "참을 수 없는 정도"에 이르러서 "법률적 불법"에 해당한다고 보아야 할 법률. 3. 제정을 하면서 "정의의 핵심을 의식적으로 부정"하기 때문에 더 이상 "법"이라고 부를 수 없는 법률.

이 세 가지 유형의 법률의 준수여부와 관련하여 라드브루흐는 다음과 같이 설명을 한다. 첫 번째 유형의 법률은 정의를 충족하는 법률과 마찬가지로 복종을 해야 한다. 왜냐하면 이러한

---

74) Radbruch, S. 89.

유형의 법률들에서는 법적 안정성이라는 가치가 정의라는 가치보
다 우선하기 때문이다. 이에 반해 두 번째 유형의 법률은 복종할
가치가 없다. 그러한 법률들은 "정의에게 자리를 물려주어야 한
다." 끝으로 세 번째 유형의 법률 역시 복종할 가치가 없다. 그
러한 법률들은 "법의 성질 자체"를 가지고 있지 않기 때문이다.

위의 인용문에서 볼 수 있듯이 라드브루흐 논증의 1차적 대
상은 중립성테제가 아니다. 그의 논증은 오히려 "불법국가"의 법
률이 어떠한 경우에 도덕적 입장에서 준수할 가치가 없는가에
대한 기준을 제시하려는 것이다. 다시 말해 불법국가의 법률 가
운데, 특히 악한 법률에 대항하여 정의의 기치 아래 투쟁을 펼칠
수 있기 위한 기준이 무엇인가를 밝히려는 것이다. 따라서 라드
브루흐 이론의 중심은 준수테제이다. 하지만 이미 살펴본 대로
법실증주의는 준수테제를 거부한다. 물론 대다수 법실증주의자는
어떠한 경우에 법률을 준수할 가치가 없는가에 대한 기준을 제
시하려는 시도가 의미가 있다고 보지 않는다.[75] 여하튼 이 준수
테제에 대해 어떠한 입장을 취하는가는 중립성테제에 아무런 영
향을 미치지 않는다.

그런데도 라드브루흐는 자신의 도덕적 입장을 피력하면서
갑자기 중립성테제를 논증에 끌어들인다. 즉, 그는 국가가 제정한
법률이 세 번째 유형에 해당한다면 그러한 법률은 아예 법적 성
격이 없기 때문에 이를 준수할 가치가 없다고 본다. 이러한 입장
은 하나의 법질서에 속하기만 한다면 어떠한 내용이든지 법률이
될 수 있다고 보는 중립성테제의 법개념과는 명백히 모순관계에
있다. 과연 중립성테제를 거부하는 라드브루흐의 이러한 입장은
설득력을 갖고 있을까?

---

75) 예컨대 Kelsen I, S. 441 f. 참고.

　라드브루흐는 분명 어떤 법률이 비록 법률의 탈을 쓰고 있지만, 결코 법이라고 볼 수 없을 때에는 이를 준수할 가치가 없다고 주장하는 것이 아주 명쾌하고도 확실한 해결책이라고 확신하고 있는 것 같다. 이러한 확신은 어떤 의미에서는 설득력이 있을지도 모른다. 왜냐하면 자신이 살고 있는 나라의 법질서의 근간을 인정하고 있는 사람이라면 보통은 이 법질서에 속하는 규범들을 일단 준수할 가치가 있다고 여기기 때문이다.

　이렇게 볼 때, 라드브루흐가 중립성테제를 거부하면서도 두 번째 유형의 법률과 세 번째 유형의 법률을 구별하고 있는 것은 상당히 놀라운 측면이다. 우리가 이미 살펴보았듯이, 라드브루흐는 두 번째 유형의 법률은 준수할 가치는 없지만, 그럼에도 이 법률은 "부정당한 법"일 뿐, 법적 성격 자체가 없다고 보지는 않는다. 이 점에서는 법실증주의자 역시 기본적으로 라드브루흐처럼 논증을 할 것이다. 단지 라드브루흐가 왜 세 번째 유형의 법률에 대해서는 갑자기 두 번째 유형의 법률과는 완전히 다르게 생각을 하는지 이해할 수 없다. 즉, 두 유형의 법률 모두 준수할 가치가 없고, 따라서 중립성테제의 측면에서도 똑같이 취급하면 될 것인데도 그렇게 하지 않는 이유가 무엇인지 이해할 수 없다.

　위의 인용문에서 볼 수 있듯이 라드브루흐는 두 번째 유형의 법률과 세 번째 유형의 법률 사이의 경계선을 확정짓는 일이 첫 번째 유형의 법률과 두 번째 유형의 법률을 구별하는 것보다 훨씬 더 쉽다고 생각하는데, 이 역시 도저히 납득하기 어렵다. 왜냐하면 어떤 입법자가 "전혀 정의를 추구하지 않았는지 그리고 평등을 의식적으로 부정했는지"를 입증하는 일은 실제로 결코 쉬운 일이 아니다. 더욱이 다음과 같은 점을 고려해야 한다. 즉, 도덕적 정의의 관점에서도 모든 사람을 모든 관점에서 **똑같이** 취급하는 것은 결코 정의라 할 수 없다. 오히려 **중요한** 측면에서 서로 같지 않고 또한 서로 다른 조건 아래 사는 사람들은 서로 다르게 취급하는 것이 정의에 부합한다. 물론 무엇을 중요한 측면에서 같은 것으로 보아야 하고 무엇을 다른 것으로 보아야 하는가에 대해 결코 명확하게 답할 수 없는 경우가 많다.

설령 위에서 말한 경계선을 확정짓는 문제가 라드브루흐의 말처럼 그렇게 어렵지 않다고 가정할지라도, 어떤 경우에는 법실증주의의 중립성테제가 자신의 의도에 합치한다고 보고, 다른 경우에는 그렇지 않다고 보는 이유가 무엇인지는 전혀 알 수 없다.

그렇다면 중립성테제를 인정해야 할 이유는 무엇인가? 이와 관련해서는 다음과 같은 사정이 결정적인 의미가 있다. 즉, 우리는 분명 특정한 사회에서 국가의 강제질서, 즉 법질서를 구성하고 있는 규범들을 지칭하기 위한 하나의 개념을 필요로 한다. 예를 들어 어떤 사회 X에서는 남자들에게만 정치적 선거권을 인정하는 규범이 있고, 다른 사회 Y에서는 성인들 사이의 동성애를 중형으로 처벌하는 규범이 있다고 해보자. 이러한 규범들을 "법"이라는 개념 말고 어떠한 개념으로 정의해야 하는가? 중립성테제의 적대자들은 대부분 이 물음에 대해 납득할 만한 대답을 피하는 것이 일반적이다.

법실증주의자는 그와 같은 규범들을 라드브루흐처럼 "불법"이라고 지칭하는 것에 대해 전혀 반대하지 않는다. 그러나 그렇다고 해서 이 규범들이 한 법질서에 속하는지 여부에 대해서까지 이미 대답이 된 것처럼 생각해서는 안 된다. "불법"이라는 단어는 어떤 규범이나 상태에 대한 도덕적 심판을 위해 사용된다. 따라서 전혀 **법규범**으로 볼 수 없는 규칙이나 규정에 대해서도 불법(또는 부당)이라고 말할 수 있다. 다른 한편 하나의 규범을 "불법"으로 단정하는 것과 이를 "법"이라고 부르는 것은 얼마든지 양립할 수 있다. "만행(Untat)"이 "행위(Tat)"의 반대가 아니고,

"나쁜 날씨(Unwetter)"가 "날씨(Wetter)"의 반대가 아니듯이 "불법 (Unrecht)"도 "법(Recht)"의 반대로 이해할 이유가 없다. 하나의 규범은 법규범이면서, 동시에 — 도덕적 관점에서 — 불법일 수 있다. 예를 들어 히틀러나 스탈린을 "비인간적"이라고 불러야 마땅하지만, 그렇다고 그들이 "인간"이 아니었다는 뜻은 아니지 않는가?

중립성테제의 적대자들은 그들이 법개념의 대상에서 배제하는 국가규범을 여전히 "실정법"이라고 부르기도 한다. 그러나 이러한 언어사용은 전혀 합목적성을 갖지 못한다. 왜냐하면 이러한 언어사용에 따른다면, 결과적으로 모든 실정법이 항상 법인 것은 아니라는 셈이 되어, 추가개념("실정")이 주개념("법")의 범위를 제한하는 것이 아니라, 오히려 이를 확장하는 논리적 문제가 발생하기 때문이다. "실정법"이라는 개념은 이를, 예컨대 "자연법"과 대비시키는 경우에만 어떤 의미있는 기능을 한다. 물론 이 경우에도 실정법이든 자연법이든 모두 법의 한 형식이라는 점을 부정할 필요가 없다.[76)]

"법률적 불법"이라는 개념도 "부정당한 법"이라는 개념을 대체할 수 없다. 왜냐하면 중립성테제의 적대자들도 불법의 성격을 갖는 법률을 "유효한 법률"이라고 표현하는 것이 일반적이기 때문이다. 또한 이미 앞에서 보았듯이,[77)] 실재하는 법질서 내의 규범들이 모두 법률규범인 것은 아니라는 점도 감안해야 한다. 관습법이나 법관법도 도덕적 관점에서 얼마든지 부정당한 법 또는 불법이라고 평가할 수 있다.

실재하는 법질서나 그 개별적인 구성요소들을 단순히 서술 및 설명하려는 사람은 이를 위해 도덕중립적인 통상의 개념을 필요로 할 뿐이라는 사실은 결코 부정할 수 없다. 물론 법질서

---

76) 앞의 82면 이하의 서술을 참고.

77) 77면 이하.

내의 규범들을 도덕적으로 의문의 여지가 없는 규범, 도덕적으로 의문이 가는 규범 및 도덕적으로 비난받아 마땅한 규범으로 구별하는 것은 당연히 가능해야 한다. 하지만 그러한 구별은 먼저 해당하는 규범이 실재하는 법질서 내에서 법적 구속력이 있는 규범들이 내포하고 있는 본질적 공통점을 갖추고 있는지를 확인한 이후에야 비로소 가능하다. 그렇지 않을 경우에는 법의 성격을 갖고 있지 않아서 "법"이 아니라고 단정하는 규범들이 철저한 도덕적 비판의 대상조차 되지 못하는 결과를 빚을 수도 있다.

중립성테제를 반대하는 사람들은 다음과 같은 문제를 간과하기 일쑤이다. 이 문제를 분명히 하는 데에는 나치 법질서가 아주 적당한 보기가 된다. 여러 가지 측면에서 볼 때, 1935년 9월에 제정된 「뉘른베르크 인종법」과 같이 나치 법질서에 개별적인 법률을 도덕적 "불법"으로 선언할 뿐만 아니라, 이 법질서의 전체주의적 토대, 즉 당시에 사실상 효력을 가졌던 헌법 자체 역시 불법이라고 심판을 내리는 것이 온당하다. 이 점에서 나치 법질서 그 자체는 "불법체제" 또는 "불법국가"라고 불러야 할 충분한 이유가 있다. 하지만 이렇게 되면 중립성테제의 적대자들은 상당한 혼란을 겪지 않을 수 없다. 그 이유는 이렇다. 중립성테제를 반대하는 입장에서는 나치 규범질서의 헌법적 토대 자체가 **법적 성격**을 갖지 않기 때문에, ―모든 법질서가 위계질서에 따른 단계구조를 갖고 있다는 측면에서 ― 이 "불법체제"에 속하는 **어떠한 규범도** "법규범" 또는 "법"이라고 부를 수 없다는 결론에 도달한다. 하지만 중립성테제의 적대자들이 과연 「도로교통법」이나 1933년 10월에 나치정권이 제정한 「동물보호법」 ―이 법은 당시의 관점에서 볼 때 매우 도덕적인 모범이 되는 법이었다 ―과 같이 도덕적으로 중립적인 규정들에 대해서까지도 그러한 결론을 인정할까? 아마도 중립성테제를 반대하는 사람일지라도 이러한 규범들에 대해서까지 도덕적으로 준수할 가치가 없다고 단정하지는 않을 것이다. "불법체제"라고 해서 "불법"만을 만들어 내는 것은 아니다.

　중립성테제의 적대자들은 때때로 도덕중립적인 법개념이 실재하는 법에 대해 관찰자관점에서 판단을 할 때에는 적절하지만, 참여자관점에서 판단할 때에는 그렇지 못하다고 테제를 제기하기도 한다. 이 테제를 지지하는 유명한 학자 가운데 한 사람인 로베르트 알렉시(Robert Alexy)는 이 두 가지 관점의 차이를 다음과 같이 정의한다. "하나의 법체계 내에서 무엇이 이 법체계에서 명령, 금지 또는 허용되어 있고, 그리고 무엇에 대한 수권이 이루어져 있는지에 대한 논증에 참여하는 사람은 참여자 관점을 취한다. 참여자관점을 취하는 가장 대표적인 보기는 법관이다. 법학자, 변호사 또는 법체계에 관심을 가진 일반 국민과 같은 다른 참여자들이 법체계의 특정한 내용에 대해 찬반논거를 제기할 때에, 이들은 궁극적으로 법관이 정당한 결정을 내리려고 한다면 이에 대해 어떻게 결정을 할 것인가를 원용하지 않을 수 없다. 이에 반해 무엇이 특정한 법체계 내에서 정당한 것인가라는 물음이 아니라, 사실상 어떤 식으로 결정이 되고 있는가라는 물음을 다루는 사람은 관찰자관점을 취한다. 인종분리(차별)법률(Apartheidgesetze)이 효력을 갖고 있던 시절에 흑인 부인과 함께 남아프리카를 여행하려고 하면서, 자신의 여행계획과 관련된 법적인 측면들에 대해 생각해 보는 어느 백인 미국인에 대한 노베르트 회르스터가 든 보기는 관찰자관점에 해당한다."[78]

　알렉시가 마지막 문장에서 언급한 내용은 내가 예전에 쓴 글에서 중립성테제를 옹호하기 위해 제시한 논거에 관련된 것이

---

78) Alexy, S. 47 f.

다. 나는 그 글에서 이 백인 미국인에게 어떤 라드브루흐의 지지자가 흑인과 백인이 같은 호텔에 투숙하거나 같은 대중교통을 이용하는 것을 금지하는 남아프리카의 인종법은 법으로서의 성격이 없다고 말해주는 것은 아무런 도움도 되지 않는다고 썼다. 즉, 이 백인 미국인이 인종차별법에 반하는 행동을 했을 때에는 ―도덕적으로 전혀 의문이 있을 수 없는― 절도금지를 위반한 경우와 마찬가지로 처벌을 받게 될 것이라는 점을 지적했었다.

알렉시 역시 중립성테제를 위한 이러한 논증이 설득력을 갖는다고 본다. 다만 알렉시는 특정한 법질서에 대해 이와는 다른 법질서 속에서 살고 있는 국민이 관찰자관점에서 판단을 내린 것이기 때문이라고 한다. 따라서 자신이 살고 있는 법질서의 규범에 대하여 참여자관점에서 판단을 할 때에는 사정이 다르다고 한다. 그리하여 이 경우에는 법개념을 결코 도덕중립적으로 이해할 수 없다고 하는 것이 알렉시의 입장이다.

나로서는 이러한 차이가 왜 중요한 의미를 갖는지 납득하기 어렵다. 위에서 보기로 든 사례에서 남아프리카의 "법학자, 변호사 또는 법체계에 관심이 있는 일반 국민"이 미국인 여행자와 다르게 법적 상태를 판단할 이유는 무엇인가? 물론 이들이 어느 정도 도덕적 각성을 하고 있다면 이러한 법적 상태를 도덕적 관점에서 비판하게 될 것이다. (이 점은 미국인 여행자 역시 마찬가지다!) 하지만 이들이 문제의 유효한 법규범과 관련하여 자기 스스로에 대해 또는 여행을 계획하고 있는 미국인에 대해 "그 규범은 법도 아니다"와 같은, 전혀 현실에 부합하지 않는 말을 해봐야 무슨 소용이 있는가?

알렉시에 따르면 이들 법학자, 변호사 또는 법체계에 관심이 있는 일반 국민은 법적 상태를 평가하면서 ―위의 인용문에서 보듯이― "법관이 정당한 결정을 내리려고 한다면 이에 대해 어

떻게 결정을 할 것인가를 원용하지 않을 수 없다"고 한다. 그러
나 "참여자관점을 취하는 대표적인 보기"에 속하는 법관은 오로
지 그가 정당하다고 여기는 것만을 "법"으로 선언한다고 한다.
간단히 말해서 "하나의 법체계에서 정당한 결정이 무엇인가를 묻
는" 사람이라면 누구나 참여자관점을 취한다는 것이 알렉시의 이
론이다.

　하지만 여기서 "정당하다"는 말을 알렉시는 무슨 의미로 이
해하는가? **법적으로** 정당한 결정(즉, 현행법에 부합하는 결정)을 의
미하는가 아니면 **도덕적으로** 정당한 결정(즉, 특정한 도덕규범에
부합하는 결정)을 의미하는가? 다음과 같은 사실을 잊어서는 안
된다. 즉, 법관이 자신에게 주어진 권한의 범위 내에서 내린 결
정은 그것이 법적으로 정당한지 여부와는 관계없이 법적으로 유
효한 개별규범인 "법"이다. 물론 법관의 결정 또는 개별규범이
유효한 법률규범에 명백히 모순되고, 법관이 도덕적 이유에서 그
러한 모순을 의도적으로 감수할 가능성도 얼마든지 있다.

　알렉시로서는 "정당한" 결정에 대한 물음 — 즉 참여자관점에
서의 물음 — 은 규범서술적 물음이 아니라 규범표명적인 물음이
다.[79] 다시 말해 이 물음을 제기하고 여기에 대답하는 사람은 그
가 법관이든(공직자 또는 국민은 어떻게 행동해야 하는가?) 또는 한
법질서 내의 "관심 있는 국민"이든 (관할 법관은 사건을 어떻게 재
판해야 하는가?) 스스로 하나의 규범을 주장하는 것이라고 본다.
이러한 알렉시의 입장에 대해서는 다음과 같은 언급이 필요하다.

　1. 법관의 활동과 관련해서는 알렉시의 입장이 어느 정도 타
당성이 있다. 왜냐하면 법관은 구체적인 개별사례와 관련하여 사
람들이 어떻게 행위해야 하는가에 대해 결정하기 때문이다. 그러

---

79) 양자의 차이에 관해서는 앞의 38면 이하 참고.

나 유효한 법규범을 제정해야 할 권한을 전혀 부여받지 않은
"법학자, 변호사 또는 법체계에 관심이 있는 국민들"까지 왜 규
범표명적인 입장을 취해야 하는가? 한 법률가나 법학에 관심이
있는 사람이 자신의 도덕적 요구를 통해 그 사회에 실제로 존재
하는 법을 어떻게 변경시킬 수 있다는 말인가? 심지어 법관마저
도 오로지 구체적인 개별사례에서만 법을 형성할 수 있을 뿐인
데 말이다.

2. 하지만 실제로 대다수의 국민들 그리고 특히 법관과 다른
공직자들이 특정한 법규범을 도덕적 측면에서 거부하고 이를 준
수하지 않게 되면, 가까운 장래에 새로운 관습법적 규범이 형성
되며, 이로써 도덕적 거부의 대상이 되는 법규범은 그 법적 구속
력을 상실하게 되는 것이 일반적이다. 과연 그러한 상황이 실제
로 발생했는지는 관습법의 성립에 관한 일반적인 기준에 따라
심사하면 된다. 어쨌든 이러한 방식으로 "도덕적으로 정당한" 새
로운 법이 형성된다는 사실은 중립성테제와 전혀 모순되지 않는
다. 왜냐하면 이미 살펴본 대로 중립성테제는 준수테제를 포함하
지 않으며, 또한 관습법의 존재를 불가능하다고 보지도 않기 때
문이다.

도덕적으로 더 나은 새로운 **법률**을 통해 법질서를 개혁할
수 있듯이 **관습법적** 성격을 갖는 새로운 법규범의 성립을 통해서
도 그러한 개혁에 도달할 수 있다. 또한 중립성테제를 지지하는
사람으로서 자신이 살고 있는 법질서에서 제정된 법률이 도덕적
으로 아무런 하자가 없다고 논증을 하고 또한 그렇게 행동할 수
있는 것과 마찬가지로, 이 테제를 지지하면서 동시에 관습법적
성격의 새로운 규범이 성립하도록 노력하는 것도 얼마든지 가능
하다. 이 때 해당되는 법규범이 헌법적 차원의 규범이어서 이를
근거로 특정한 도덕원칙을 원용하여 이 원칙에 모순되는 법률의

유효성을 거부할 수도 있다.[80]

　알렉시는 "정의의 최소한의 요건을 충족하는 것은 국가의 명령이 법적 성격을 갖기 위한 필연적 전제라는 사실에 대해서는 법실무에서도 보편적 합의가 존재"하며, 법률적 불법에 반대해야 할 도덕적 논거뿐만 아니라 법적 논거까지도 사실상 존재한다고 쓰고 있다.[81] 앞의 서술에 비추어 볼 때, 이 주장에 대해서는 동의할 수 있다. 하지만 알렉시가 이러한 주장을 통해 중립성테제를 반박할 수 있다고 믿는다면, 그 점에 관한 한 결코 알렉시에 동의할 수 없다. 알렉시 역시 중립성테제가 법률테제를 포함하지 않는다는 사실을 명백히 인식하지 못하고 있는 것 같다.

　3. 중립성테제를 방어하는 이러한 서술들은 결코 주관주의테제의 정당성 문제와는 관계가 없다. 설령 인간에게 미리 주어져 있는 도덕적 규범이 존재하고 이 규범을 인식할 수 있다고 가정할지라도, 이러한 초실정적 규범과 경험적으로 실재하는 법질서의 규범 사이에는 명백한 차이가 있다는 점에 대해서는 아무런 영향도 미칠 수 없다. 어떠한 입장에 서서 사실상 존재하는 법질서의 규범들 — 물론 때로는 도덕적으로 전혀 의문이 없는 경우도 있고 때로는 도덕적으로 비난받아 마땅한 경우도 있다 — 을 비판하거나 이를 변경하려고 하든지 간에 적어도 명확성을 추구하는 한, 이 규범들을 일단 공통의 개념 — 즉, 법개념 — 을 통해 아무런 구별 없이 있는 그대로를 인식하고 서술하는 것이 중요하다. 중립성테제의 적대자들처럼 이를 거부한다고 해서 문제가 더 간단해지지는 않는다.

　라드브루흐는 이 중립성테제를 포기하면 한 사회가 나찌와 같은 "불법국가"에 "대항할" 역량을 갖출 것이라고 명시적으로

---

80) 앞의 76면 이하 참고.
81) Alexy, S. 87.

주장한다.[82] 중립성테제에 반대하는 다른 학자들 역시 이러한 주
장에 가까운 입장을 취한다. 그러나 이러한 주장은 구체적인 역
사적 현실에 비추어 전혀 입증되지 않았다.[83] 더욱이 이 주장은
도덕적으로 비난받아 마땅한 법질서가 어떻게 성립하는가에 대한
일반적 테제로서는 아무런 설득력도 없다. 이와 관련해서는 다음
과 같은 측면을 고려해 보아야 한다.

여기서는 도덕적 규범과 그 기준들에 대한 근거설정이 가능
한지 여부와 그 방법에 대한 물음은 일단 접어두기로 하자. 다만
실제로 각 개인이나 집단은 서로 다른 도덕 판단을 주장하는 경
우가 많다는 점만은 분명한 사실이다. 이러한 사실상의 도덕 판
단은 설령 아무런 근거가 없는 경우라 할지라도, 참여자의 관점
에서 이를 주장하는 사람들의 규범표명적인 정당성판단을 좌지우
지한다. 이러한 상황에서 그와 같은 도덕 판단이 필연적으로 "불
법국가"에 "대항하는" 역량을 갖추게 만든다는 보장이 어디에 있
는가? 오히려 도덕 판단이 불법국가를 "유발"하는 경우는 없을
것인가? 참여자관점에서 기존의 민주주의에 대항하는 파시즘이나
공산주의의 "도덕적 몽둥이질"이 얼마든지 가능할 수 있지 않을
까? 중립성테제의 적대자들은 도대체 어떠한 근거에서 중립성테
제의 부정이 — 적어도 이러한 입장이 법정책적 영향을 미친다는
전제하에 — 반드시 또는 거의 언제나 좋은 방향으로만 작용하리
라는 확신을 갖는 것일까? 또한 법관이나 기타 법률가 및 "법체
계에 관심이 있는 일반국민"들이 그 사회에서 공식적으로 입법을
담당하고 있는 사람들보다 반드시 도덕적으로 더 성숙하고 더욱
확고한 입장을 견지한다고 생각할 이유는 무엇인가?

이러한 물음들은 특히 독일 법학의 대표자들을 향해 던져볼

---

82) 앞의 86면.
83) Ott, S. 206 ff. 참고.

수 있다. 단 하나의 보기만으로도 내가 의도하는 것이 무엇인지
알 수 있다. 독일의 저명한 민법학자이자 법철학자인 칼 라렌쯔
(Karl Larenz)는 "수천 년에 걸친 자연법사상의 철학적 전통"을
"쓰레기통에 던져 버리는" 법실증주의에 대한 자신의 적대감을
단 한 순간도 의심해 본 적이 없다고 한다.[84] 그러나 라렌쯔는
1934년에 법개념에 대한 자연법적 규준에 "피는 정신이, 정신은
피가 되어야 한다"[85]는 옷을 입히고, "실증주의와 철저히 결별"
하는 것은 동시에 "개인주의"와 "철저히 결별"하는 것이며, 이것
이야말로 "영도자의 정신 속에 살아 있는" 법이해로 전향하는 것
이라고 선언했다.[86] 이에 반해 독일이 다시 민주주의로 복귀한
이후 "법이념"에 대한 라렌쯔의 이해에서는 갑자기 "상호존중의
근본원칙"과 "권력에 대한 제한과 통제의 원칙"과 같은 법윤리적
원칙이 중요한 역할을 하게 된다.[87] 하지만 라렌쯔 법사상의 이
러한 변화는 자신이 예전에 주장했던 입장에 대한 반성은커녕,
이에 대해 단 한 마디도 언급하지 않은 채 이루어졌다. 역설적으
로 들릴지 모르지만, 법실증주의에 대한 적대감뿐만 아니라, "법
이념"을 각각의 정치적 시대정신에 순응시키고 있다는 점에서도
라렌쯔는 어쩌면 상당히 일관성을 지닌 인물인 셈이다.

　　"라렌쯔 사건"은 독일 법학에서 결코 예외적인 현상이 아니
다. 이 점에서 법실증주의에 대항하는 자연법적 대안에 대한 덴
마크의 법철학자 알프 로스(Alf Ross)의 평가는 경청할 가치가 있
다. "자연법은 창녀와 마찬가지로 누구에게나 몸을 맡긴다. 자연
법을 원용하여 옹호할 수 없는 이데올로기란 없다."[88]

---

84) Larenz III, S. 16.
85) Larenz II, S. 42.
86) Larenz I, S. 15, S. 36.
87) Larenz III, S. 45 ff., S. 143 ff.

    법실증주의에 대한 또 다른 반론 하나는 이미 앞에서 기본
적인 논의가 이루어졌기 때문에 여기서는 간단히 다루도록 하겠
다. 이 반론의 출발점은 1945년 이후에 등장한 법적 과거청산에
관련된 문제점이다. 즉, 전쟁 이후에는 가벌성이 있다고 여겨지지
만, 행위시점인 "제3제국" 하의 실정법에는 합치하는 행위를 법
적으로 어떻게 처리할 것인가 하는 문제이다. 이 문제와 관련해
서는 다음과 같은 해결가능성이 논의된다.

    법실증주의의 적대자들은 그러한 행위는 도덕적 이유에서
이미 행위시에도 합법성이 없다고 보고, 이를 통해 자동적으로
사후처벌의 가능성을 확보하려고 한다. 이에 반해 법실증주의자
는 행위시의 합법성 자체를 고수하면서, 다음과 같은 방법 가운데
하나를 선택한다. 첫째, 행위시에 위법성이 있는 행위만이 처벌될
수 있다는 법원칙을 고려하여 과거의 행위는 가벌성이 없다고
보는 방법. 둘째, 그러한 행위를 처벌하라는 요청이 죄형법정주의
원칙보다 우선한다는 사실을 지적[89]함으로써 과거의 행위가 가벌
성이 있다고 보는 방법. 따라서 법실증주의자는 사실상 그 적대
자들과 동일한 결론에 도달할 수 있다. 다만 법실증주의자는 실
질적인 상황을 은폐하지 않고, 이를 사실 그대로 서술한다는 점
에서 훨씬 더 정직한 방식을 취한다.[90]

    미국의 법학자 로날드 드워킨(Ronald Dworkin)의 저작에서 등
장하는, 법실증주의에 대한 반대논거 역시 비록 이 논거가 상당
히 대중적 성공을 거두고 있긴 하지만, 철학적으로는 결코 만족
스럽지 못하다. 첫째, 드워킨의 설명에서는 서술적 요소와 평가적

---

88) Ross, S. 261.
89) 법실증주의자는 준수테제를 주장하지 않기 때문에 얼마든지 이러한
    입장을 취할 수 있다.
90) 이 문제에 대해 상세히는 Hart I, S. 207 ff. 및 Hart II, S. 43 ff. 참고.

요소가 언제나 서로 뒤엉켜 있다. 둘째, 드워킨은 모든 법질서의 특성이 무엇인가에 대한 분석이 아니라, 영미법질서의 도덕적 기초를 밝혀내는 일에만 관심이 있는 것 같다. 법실증주의에 대한 드워킨의 비판을 더 자세히 알고 싶다면 이에 대한 하트의 폭넓은 논의와 반박을 참고하기 바란다.[91]

　법실증주의를 둘러싼 논란과 관련하여 흔히 "법치국가"라는 극히 불분명한 개념을 원용하곤 하는데, 이 역시 별로 도움이 되지 않는다. 왜냐하면 이 개념을 어떻게 사용하는가에 따라 때로는 법질서를 가진 **모든** 국가가 자동적으로 법치국가가 되기도 하고, 때로는 특정한 정치적·규범적 요구 ― 예컨대 개인의 자유권을 제도화하라는 요구 ― 를 충족하는 국가만이 법치국가가 되기도 하기 때문이다. 후자의 경우 "법치국가"라는 개념을 사용하는 것은 "불법국가"라는 개념을 사용하는 것과 마찬가지로 일정한 가치판단에 구속된다. 그리고 하나의 국가 또는 하나의 법질서를 이러한 가치평가적 의미에서 "법치국가"로 볼 수 있는지는 각 경우마다 별도로 검토를 거쳐야 한다. 법실증주의를 지지하는 입장에서도 이러한 가치평가적 의미에서 결코 "법치국가"로 볼 수 없는 국가나 법질서가 존재한다는 점은 너무나도 당연하다.[92]

---

91) Hart I, S. 238 ff.
92) 자세히는 Kelsen I, S. 314 f., S. 320 참고.

9 법에 대한 윤리적 요청

　　법과 그 규범에 대한 윤리적 근거설정이나 합리적 토대에 관한 물음은 법실증주의의 지지자이든, 그 반대자이든 누구에게나 제기되는 물음이다. 실증주의적 중립성테제의 적대자들은 법 개념의 차원에서 이미 색깔을 드러내야 한다. 즉 이들은 자신들이 필수불가결하다고 여기는 법의 도덕적 조건들이 어떠한 내용인지를 밝혀야 한다. 중립성테제의 반대자들은 이를 위해 한 사회에서 통용되는 특정한 도덕 — 예컨대 문제되는 법질서가 속하는 사회의 도덕 — 을 지적할 수도 있을 것이다. 하지만 그렇게 하면 비난받아 마땅하다고 여기는 규범들은 애당초 법적 성격이 없다고 단정하려는 자신들의 의도에 부합하지 않는 경우가 발생한다. 왜냐하면 한 사회의 사회적 도덕 역시 그 법질서와 똑같이 비난받아 마땅한 경우가 있을 수 있기 때문이다. 따라서 중립성테제의 적대자들이 자신들의 의도를 실현하기 위해서는 사회현실이나 법적 현실 및 그 규범들에 대한 도덕적 판단을 확실하게 근거지을 수 있는 이론을 가져야만 한다.

　　하지만 중립성테제의 지지자들 역시 법의 근거설정에 대한 물음으로부터 벗어날 수 없다. 이 점은 특히 사실상 존재하는 법에 대한 서술에 그치지 않고, 법에 대한 포괄적인 철학적 근거설정을 시도하는 법실증주의자라면 더더욱 그렇다. 왜냐하면 그러한 철학적 근거설정은 도덕과 관련시켜 볼 때 개념적 측면뿐만 아니라 규범적 측면도 갖고 있기 때문이다. 다시 말해 법실증주의자는 도덕규범과 구별되는 법규범을 어떻게 이해하고 개념정의하는 것이 적절할 것인지를 알고 싶어 할 뿐만 아니라, 엄청난 강제권을 수반하고 있는 법질서가 과연 윤리적 근거가 있는지도 알고 싶어 하기 때문이다.

법에 대한 윤리적 근거설정의 핵심문제는 주관주의테제와 관련하여 앞에서[93] 이미 간단히 언급을 했다. 즉, 인간의 모든 희망이나 욕구에 앞서 있고 인간의 인식을 통해 파악할 수 있는 정당한 법의 초실정적 기준이 과연 존재하는가라는 물음이다. 여기서 초실정적 기준이라는 표현은 단순히 경험적 효력을 갖고 있는 사회도덕의 규범들이 개인들에게 이미 주어져 있다는 의미가 아니다. 당연히 그와 같은 규범들은 수없이 많다. 여기서 말하는 초실정적 기준이란 특정한 사람의 의욕에 근거하는 것이 아니라 모든 사람이 필연적으로 의욕해야만 하는, 어떤 인식가능한 기준을 뜻한다.

플라톤이 살던 시대 이후 그와 같은 조건을 충족하는 기준이나 규범을 찾아내려는 아주 여러 가지 시도가 있어 왔다. 법률가들 사이에서는 이러한 **모든** 시도들 — 이른바 이성법에 대한 칸트의 구상 역시 여기에 해당한다 — 을 **자연법**을 발견하기 위한 시도라고 부르는 것이 일반적이다. 법철학적 연구에 해당하는 이 책에서도 그와 같은 시도들을 앞에서 말한 넓은 의미로 이해하는 한, 자연법을 발견하기 위한 시도라고 불러도 무방할 것이다.

우선 다음과 같은 점에 주의를 기울이는 것이 중요하다. 즉, (어떠한 종류든지) 자연법의 존재는 주관주의테제에는 정면으로 배치되지만, 법실증주의적 중립성테제에는 전혀 모순되지 않는다.

---

[93] 81면 이하.

이 점에서는 자연법론과 법실증주의가 서로를 배척하지 않는다. 자연법이 존재하더라도 이 자연법이 곧바로 법(즉, 경험적 토대에 근거한 실정법)의 일부가 되는 것이 아니라, 객관적으로 정당한 법의 윤리적 기준의 역할을 한다. 따라서 자연법과 내용적으로 일치하는 법규범은 그것이 자연법과 일치한다는 이유 때문에 (실정)법이 되는 것은 아니다.

그렇다면 객관적으로 정당한 법에 대한 초실정적인 윤리적 기준이 과연 실제로 존재하는 것일까? 적어도 나는 그와 같은 윤리적 기준이나 규범은 인간의 인식으로 접근할 수 없으며, 자연법론을 근거지으려는 지금까지의 모든 시도는 실패했다고 확신한다. 나는 다른 곳에서 상세한 논의를 거쳐 역사적으로 상당한 영향을 미친 그러한 시도들이 왜 실패했는지를 밝히려고 했고, 그리하여 주관주의테제가 옳다고 결론지은 적이 있다.[94] 따라서 이 논의를 여기서는 반복하지 않겠다.

그 대신 — 법의 근거설정이라는 특수한 맥락과 관련하여 — 나는 주관주의테제에 동의할 경우 현실적인 측면에서 어떠한 결론에 도달하고, 또한 어떠한 결론에 도달할 수 없는지를 다시 한 번 분명하게 밝히도록 하겠다.[95]

자연법론의 지지자이든 반대자이든 자연법을 부정하게 되면, 다시 말해 주관주의테제에 동의하게 되면 자동적으로 법에 대한 근거설정의 문제까지 해결된 것이라고 생각한다. 다시 말해 자연법론의 지지자와 반대자들 대부분은 자연법을 배제한 채 단순히 주관적 토대 위에 선다면, 법의 근거설정 문제를 고찰하지 않게 된다고 여긴다. 아래에서는 왜 이러한 생각이 타당성이 없는지를 밝히겠다.

---

94) Hoerster I, 제3장-제7장.

95) 이에 관해서는 Hoerster I, 제8장-제10장 참고.

해발 3~4미터밖에 되지 않는 작은 섬에 100명의 사람들이 살고 있다고 가정해 보자. 이 섬에는 주기적으로 해일이 발생하고, 이로 인해 섬 주민들의 재산뿐만 아니라, 심할 경우에는 몇 사람의 목숨을 앗아가곤 한다. 이런 상황에서 홀로 스스로를 지킬 수가 없기 때문에 전체 섬 주민들이 협력하여 커다란 둑을 쌓는 일은 모든 주민의 이익이 걸린 문제라는 주장에 대해 이의를 제기할 사람은 없을 것이다. 이는 곧 다음과 같은 사실을 뜻한다. 1. 노동능력이 있는 주민 모두가 공동으로 둑을 건설하는 것은 각 주민들의 개인적 이익이 걸린 문제이다. 2. 노동능력이 있는 모든 주민들이 공동으로 둑을 건설하는 일에 참여해야 할 합리적 근거가 있다.

특정한 요구를 충족하는 하나의 법질서에 대한 근거설정 역시 이와 유사하게 이루어질 수 있다. 결정적 의미를 갖는 사고의 단계는 다음과 같은 것이다. 즉, 모든 섬 주민들에게 생존은 그들의 이익이 걸린 문제이기 때문에 둑을 건설하는 것 역시 이익이 된다. 하지만 한 사람의 생명은 자연재해를 통해서뿐만 아니라, 다른 사람의 행위—즉 살인행위—를 통해서도 위협을 받는다. 따라서 모든 사람은 그러한 행위가 발생하지 않을 것에 대해서도 당연히 이익이 있다.

일반적인 살인금지는 바로 그러한 이익을 충족하기 위한 것이다. 물론 그러한 금지가 모든 살인행위를 방지하지는 못한다. 하지만 행위자에게 제재를 가할 것이라고 위협함으로써 살인행위의 개연성을 축소시키는 것만은 틀림없다. 둑을 건설하는 경우와 마찬가지로 살인금지 역시 각 개인들에게는 부정적 측면이나 불이익을 수반한다. 이제는 다른 사람(예컨대 경쟁자)을 제멋대로 죽일 때에는 그로 인한 결과를 감수해야 한다. 하지만 장점이 단점보다 훨씬 많다. 왜냐하면 장기적인 측면에서 냉철하게 생각해 볼 때, 다른 사람에 의해 죽임을 당하지 않고자 하는 이익이 때때로 남을 죽이고 싶은 이익보다 훨씬 더 큰 비중을 차지하기 때문이다.

여기서 각 개인의 이익을 최대한 충족시키고자 한다면 살인금지는 다음과 같은 조건을 충족해야 한다. 1. 살인금지는 반드시 법적인, 즉 법규범을 통한 살인금지이어야 한다. 2. 살인금지는 엄격한 성격을 지녀야 하며, 이에 대한 예외는 극히 제한적으로만 인정되어야 한다.

<1에 대하여> 어느 정도 안정성을 가진 사회라면 이미 사회도덕이 다른 사람을 죽이는 행위를 금지한다. 그러나 단순히 도덕적인 살인금지는 인간생명의 보호를 위해서는 불충분하다. 무엇보다 국가기관이 살인자를 체계적으로 수사하지 않는다면, 대부분의 살인은 발각되지 않을 수 있다. 또한 사회도덕이 가하는 제재―다른 사람들의 비난이나 경멸―는 잠재적 범죄자들로 하여금 살인을 범하지 않도록 위협하는 데에 충분하지 않다. 따라서 국가형법을 통한 훨씬 더 엄중한 형벌이 불가피하다. 더욱이 자신의 생명에 대한 이익은 가장 기본적이고 가장 중요한 인간의 이익이다.

<2에 대하여> 법질서 내에서 살인금지는 생존에 대한 각 개인의 이익을 최대한 보장하기 위해 아주 특별한 지위를 갖는다. 이 점은 예컨대 독일의 법질서처럼 일정한 동물을 죽이는 행위를 금지하는 경우와 비교해 보면 아주 확실하게 알 수 있다. 독일 동물보호법 제17조는 "합리적인 이유 없이" 척추동물을 죽이는 행위는 처벌된다.

이와 관련하여 모든 측면에 비추어 척추동물을 죽이는 것이 긍정적인 결과를 낳는 경우에는 "합리적인 이유"가 있다고 본다. 예를 들어 늙고 병든 동물을 죽임으로써 같은 종에 속하는 두

마리의 젊은 동물의 생명을 건질 수 있다면 분명히 "합리적 이유"가 있다고 볼 수 있다.

만일 인간에 대한 살인금지도 이와 같은 방식으로 규정하게 되면, 그 규정은 인간의 특수한 생존이익을 보호하는 데에는 명백히 불충분하다. 즉, 그렇게 되면 예를 들어 수명이 얼마 남지 않은 사람을 죽여서 두 사람의 젊은이에게 신장을 이식하는 사태가 벌어질 것이다. 따라서 인간에 대한 살인금지는 모든 개개의 인간 그 자체를 목적으로 삼아 이를 보호해야 할 때에만 의미가 있다. 왜냐하면 모든 개인은 보통의 경우 자신의 생존에 대해 근본적인 이익을 갖고, 이를 최우선의 이익으로 여기기 때문이다.

이처럼 모든 개인의 이익이 똑같은 방향을 지향하고 있다는 사실에 근거하는 법적 살인금지는 하나의 살인행위가 다른 사람들에게 미치는 영향까지 함께 고려하는 공리주의적 사고와는 결코 부합할 수 없다. 그렇기 때문에 이처럼 엄격한 살인금지를 통해 생존이익을 보호받는 각 개인에게는 생명권이 귀속된다고 보는 것이다. 법질서뿐만 아니라 사회도덕 속에도 뿌리박고 있는 이러한 개인적 생명권은 모든 개인이 다른 사람들의 공격을 받지 않으면서 자신의 삶을 영위하고 형성할 수 있는 최대한의 안전을 보장하는 방어권으로 이해된다.

설령 자연법이 존재하지 않더라도, 다시 말해 정당한 법의 척도가 전적으로 주관적 성격을 갖는다고 보더라도 개인의 생명권을 제도화하는 것은 충분한 근거가 있다. 즉, 이 권리의 제도화는 각 개인의 주관적 관점에서도 분명 근거가 있으며, 이 점에서 아주 폭넓은 상호주관적인 근거가 있다. 설령 성숙된 판단력을 갖춘 상태에서도 살인금지를 차라리 포기하는 것이 좋다고 생각하기 때문에, 일반적 살인금지에 대해 하등의 관심도 없는 사람들이 몇 명 있다고 할지라도 생명권의 제도화는 상호주관적인 근

거가 있다. 물론 살인금지를 완전히 포기한 개인들에 대해 살인금
지의 근거를 납득시키는 것은 사실상 불가능하다. 그렇다 하더라
도 이들을 제외한 다른 모든 개인들이 그들의 관점에서 각 개인
의 생명권을 보호하기 위해 일반적인 살인금지를 그 사회의 법
질서에 수용해야 할 충분한 근거를 갖고 있다는 사실에는 아무
런 변화도 있을 수 없다.

여기서 내가 주장하고 있는 형태의 규범근거설정은 철저히
주관적인 근거설정이다. 나는 결코 "모든 개인(또는 거의 모든 개
인)의 이익이 되는 규범은 객관적 의미에서 근거를 가지며, 따라
서 더 고차원적인 정당성을 갖는다"는 식의 테제를 주장하지 않
는다. 하나의 규범에 대한 근거설정은 오히려 해당하는 각 개인
의 이익에 구속된다. 그렇긴 하지만 한 사회의 특정한 규범이 운
전자나 오페라 팬의 이익을 위한 것인지 아니면 거의 모든 개인
의 이익을 위한 것인지에 따라 현격한 차이가 있다. 현실정치의
관점에서 볼 때, 두 번째 종류의 규범은 아주 쉽게 효력을 갖게
된다. 첫 번째 종류의 규범에 이익을 갖고 있는 개인의 숫자는
각 사회마다 상당한 차이가 있는 반면, 두 번째 종류의 규범에
대한 보편적인(또는 거의 보편적인) 이익은 분명 인간의 영원한 본
성에 근거한다.

그렇다 할지라도 보편적 이익을 위한 이러한 규범들을 하트
처럼[96] 굳이 "자연법"이라고 불러야 할 이유는 없다는 것이 나의
생각이다. 왜냐하면 이런 식으로 표현을 하게 되면 마치 해당되
는 **규범** 자체가 인류에 앞서 이미 주어져 있고, 또한 하나의 객
관적 실재로 인식할 수 있는 듯한 오해를 불러일으키기 때문이
다. 내가 여기서 주장하는 것과 같이 인간의 이익을 기초로 하는

---

96) Hart I, S. 193 ff.

근거설정방식에 따른다면 우리가 직접 인식하는 것은 결코 규범 그 자체가 아니라, 어느 정도 경험적이고 동시에 보편적으로 존재하는 인간의 이익이며, 이를 보호하기 위한 규범을 정립해야 한다고 주장할 뿐이다. 다시 말해 보편적 이익이 존재하기 때문에 이를 보호하는 규범을 제정하는 것이 상호주관적으로 합의할 수 있는 실천이성의 요구로 삼아야 한다고 보는 것이다. 이와 같이 이익을 기초로 삼아 법을 근거짓는 방식을 설령 "자연법적"이라고 부르지 않더라도, 이 방식은 법철학과 법윤리학에서 얼마든지 중요한 역할을 할 수 있다.

살인금지 이외에도 개인의 권리 — 이른바 "기본권" — 와 결합되어 있는 법적 금지들 가운데 살인금지와 아주 비슷하게 상호주관적인 근거설정이 가능한 금지규범들이 여러 가지 있다. 나는 특히 신체상해의 금지, 폭력사용의 금지 그리고 자유박탈의 금지 등이 대표적인 보기에 속한다고 본다. 독자들 역시 이러한 금지가 정신적으로 성숙한 모든 개인의 장기적 이익에 부합한다는 나의 생각에 동의할 것이다.

법적 금지에 대한 상호주관적 근거설정과 관련된 또 다른 측면은 각 개인이 다른 사람들로부터 공격을 당하지 않고자 하는 이익을 갖고 있을 뿐만 아니라, 지구상의 인간의 삶의 조건에 비추어 볼 때 보통은 다른 사람들과 일정한 방식으로 협력하는 것에 대해서도 이익을 갖고 있다는 사정과 관련을 맺는다. 인간의 아주 기초적인 이익을 지속적으로 충족시키기 위해 반드시 필요한 협력 가운데 가장 중요한 형태는 다음과 같은 것들이다.

1. 한 사회의 구성원들은 — 최소한 소비재에 대한 — 사적 소유권제도를 인정해야 한다. 즉, 생존을 위해 필요한 대부분의 재화가 무한정으로 존재하지는 않기 때문에 각 개인이 살아남기 위해서는 그러한 재화를 비축할 수 있어야 하고, 절도금지를 통

해 비축한 재화를 다른 개인들이 제멋대로 가져가는 것을 방지한다. 하지만 대부분의 개인들은 생존에 필요하지 않은 재화에 대해서도 '내 것'과 '네 것'을 확실하게 가르는 질서에 대한 이익을 갖고 있다.

2. 그렇지만 현대사회에서는 어느 누구도 자신의 생존에 필요한 모든 재화를 스스로 생산할 수 없기 때문에, 몇몇 재화나 때로는 모든 재화를 교환의 방식을 거쳐 다른 개인으로부터 취득한다. 이밖에도 인간의 문명이 진화해 감에 따라 **전체 생산영역에 걸쳐** 한 사회 내에서 분업을 정착시키는 것이 모든 개인에게 이익이 된다는 점도 밝혀졌다. 그러나 각 개인이 분업이라는 현상에서 이익을 얻기 위해서는 분업에 따른 쌍방적인 교환행위가 충분히 신뢰할 수 있게끔 이루어져야 한다. 이는 결국 체결한 계약은 이행을 해야 한다는 법적 명령이 존재해야 한다는 것을 뜻한다. 모든 계약당사자들은 자신의 상대방도 약속한 내용을 지키리라고 신뢰할 수 있어야 한다. 만일 계약이행에 대한 일반적 명령이 없다면 누구나 잘 알고 있는 통상의 계약 대부분이 사회적 지평에서 사라질 것이며, 이는 결국 **모든** 사람에게 손해가 된다.

앞에서 언급한 것 말고도 모든 법질서와 관련하여 ― 또는 최소한 현대의 모든 법질서와 관련하여 ― 상호주관적 이익의 관점에서 근거지을 수 있는 법적 제도나 법적 규범들은 여러 가지가 있다. 물론 어떤 사회 X의 특별한 상황에서는 근거설정이 가능한 법규범이 다른 사회의 상황에 비추어서는 상호주관적으로 근거지을 수 없는 경우도 있다.

이런 여러 가지 가능한 측면들에 대해서는 여기서 더 이상 자세히 논의하지 않겠다. 그 대신 일정한 법적 제도에 대한 상호주관적 근거설정과 관련된 아주 중요한 측면 하나를 간략하게나마 언급하도록 한다.

인간의 역사에는 법질서가 앞에서 말한 개인의 권리 또는
이를 보호하기 위한 엄격한 금지규범의 내용이 일부 특권계층을
위한 것일 뿐, 모든 개인을 위한 것이 아니었던 경우가 자주 있
었다. 그렇다면 과연 주관주의적 이익의 관점에서 특권을 누리는
사람들에게 그와 같은 차별을 포기해야 한다고 설득할 논거가
있는가?

실제로 정상적인 경우라면 한 사회의 모든 구성원에게 동일
한 개인적 기본권을 인정하는 것이 각 개인에게도 장기적인 관
점에서 합리적이라고 보아야 할 논거가 있다.97) 이와 관련해서는
다음과 같은 점을 생각해 보아야 한다. 즉, 인간이 실제로 희망
하고, 추구하고, 행위하는 모든 것이 반드시 이성의 지침에 따르
는 것이어서 이들 모두가 인간의 진정한 이익 — 즉, 충분한 이해
과정을 거친 계몽된 이익 — 이 되는 것은 아니라는 사실이다. 하
나의 행위는 이 행위에 대한 결정이 일정한 합리성 조건하에서
이루어질 때에만, 그 행위자의 진정한 이익에 부합하고 또한 이
행위를 수행하는 것이 그에게 합리적일 수 있다. 즉, 일정한 행
위를 하기로 결정하는 사람은 충분한 판단력을 갖추고 행위결정
과 관련된 모든 중요한 사정에 대해 최대한 숙지를 한 상태에서
결정을 내려야 한다.98)

예를 들어 "제3제국"에서 특정한 소수자들을 차별한 — 결국
은 학살까지 했지만 — 행위는 결코 권력자의 진정한 이익이었다
고 볼 수 없다. 그 이유는 이렇다. 첫째, 이 권력자들은 자신들의
조치를 정당화할 목적에서 — 유대인 "인종"에 관한 이론이나 이
들 유대인으로 인해 "아리아 인종"의 존립이 위협받고 있다는 이
론과 같이 — 아주 비합리적인 사고를 출발점으로 삼았다. 둘째,

---

97) 이에 관해서는 Hoerster I, S. 180 ff.; Hart I, S. 200 ff. 참고.
98) 자세히는 Hoerster I, 제1장 참고.

만일 이들 권력자들이 그런 폭압적인 조치를 포기했었다면 자신
들의 생명과 권력을 훨씬 더 오랫동안 유지할 수 있었을 것이다.
이데올로기나 특정한 세계관을 동기로 삼는 행위가 행위자의 진
정한 이익에 봉사하는 경우는 극히 드물다. 행위자가 계몽되고
합리적인 세계이해에 기초하여 행위를 선택할 때에만 행위자의
진정한 이익에도 합치한다.

주관주의테제를 지지하는 사람들은 자주 이러한 측면을 간
과하곤 한다. 예를 들어 켈젠은 규범적인 차원에서 법에 대한 상
호주관적 근거설정의 가능성 자체를 철저히 거부한다. 켈젠은
**"선험적으로 주어진, 즉 절대성을 가진 도덕가치는 결코 존재하
지 않는다"**는 테제로부터 다음과 같은 보편적인 상대주의를 결론
으로 도출한다. 즉 "어떠한 상황이든 관계없이 선과 악, 정의와
부정의를 절대적으로 규정할 수 있는 가능성"은 없으며, 따라서
"상이한 도덕질서에 공통된 요소로 볼 수 있는 어떠한 내용도
확인할 수 없다"는 것이다.[99]

내가 여기에서 주장하는 관점에 비추어 볼 때, 켈젠의 이러
한 입장에 대해서는 다음과 같이 얘기할 수 있다. 1. "절대적 도
덕가치"란 존재하지 않으며, 도덕적 또는 법윤리적 성격을 지닌
규범적 판단은 모두 각 판단자의 태도나 이익에 속한다는 점은
옳다. 2. 하지만 존재하고 있는 상이한 도덕질서에 "어떠한 공통
된 요소도 없다"는 주장은 분명 과장이다. 예를 들어 우리가 알
고 있는 도덕질서나 법질서는 모두 최소한 자기 사회의 구성원
들에 대한 살인이나 강탈을 금지하고 있지 않은가? 3. 설령 켈젠
의 이 주장이 절대적으로 옳다고 전제할지라도 이를 근거로 상
호주관적 이익의 관점에서 충분한 근거를 갖고 있는 도덕적 요구

---

99) Kelsen I, S. 66 f.

를 법질서에 대해 전혀 제기할 수 없다고 결론짓는 것은 잘못이다. 예를 들어 한 사회가 지금까지 살인금지에 대한 규범을 제정하지 않았다고 해서 살인금지가 이 사회의 개별 구성원의 진정한 이익에 부합하지 않는다는 뜻은 아니다.

법에 대한 근거설정과 관련하여 주관주의테제는 **실제로는** 결코 극단적으로 상대주의적인 결론을 내포하고 있지 않다. 그런데도 이 테제를 반대하는 사람이나 몇몇 이 테제를 지지하는 사람들은 주관주의테제와 극단적 상대주의가 밀접한 관련이 있는 것처럼 오해를 한다. 이와 관련해서는 이익개념에 대한 적당한 이해가 가능하도록 그 근본적인 측면을 다시 지적할 필요가 있다. 즉, 법에 대한 근거설정이라는 목적에 비추어 볼 때, 이 개념은 일정한 합리성조건과 결부되어 있고, 이 점에서 이 개념은 **제한적** 의미로 이해해야 한다. 하지만 다른 측면에서 보면 이익이라는 개념을 통상의 이해보다 더 넓게 파악해야 할 때도 있다. 이 넓은 의미의 이익개념은 다음과 같다.

한 개인의 이익은 ―적어도 이익의 개념이라는 차원에서는― 원칙적으로 어떠한 것을 내용으로 하든지 관계가 없다. 이는 물론 어떠한 목표든지 합리성조건에 비추어 **실제로** 인간의 이익의 내용이 될 수 있다는 뜻은 아니다. 예를 들어 합리성조건을 전제한다면 쥐 한 마리의 생명을 구하기 위해 자신의 생명을 희생할 수 있다고 생각할 사람은 없을 것이다. 그렇지만 인간의 이익은 **이기적** 성격을 가질 때에만 반드시 합리적일 수 있다고 생각하는 것은 완전한 오판이다. 인간의 이익은 얼마든지 이타적이거나 이념적인 내용을 가질 수 있다. 그렇기 때문에 인간은 자기 자식의 행복을 위해 스스로의 욕구를 억제하거나 기념비를 건립하기 위해 돈을 기부하는 데에도 이익을 갖는다. 이와 같은 이타적 또는 이념적 이익은 개인의 기본권과 인간 상호간의 협력을 도모하기 위한 제도를 이익개념을 기초로 근거지으려는 앞의 주장을 뒷받침해주는 또 다른 논거가 된다.

법과 도덕에 대한 객관주의적 근거설정을 주장하는 사람들은 주관주의테제를 극히 원시적인 형태의 윤리적 및 심리적 이기주의와 같은 것으로 봄으로써 이 테제를 극단으로 몰아가는 전략을 택한다. 예를 들어 일간지 프랑크푸르터 알게마이네(Frankfurter Allgemeine)에 법철학 관련서적에 대한 서평을 쓰는 "스타 서평가" 미하엘 파블릭(Michael Pawlik)은 아주 자명하다는 어조로 "형이상학으로부터 벗어난 인간은 스스로를 희생할 줄 모른다"고 주장한다. 또한 그는 "정신의 형이상학"을 거부하는 대신 이익을 토대로 규범을 근거짓는 입장을 지지하는 사상가들이 인간을 순전히 "영리한 동물"로 취급하고 도덕이란 "다른 수단을 빌린 탈도덕"일 뿐이라고 믿는 사람들이라고 단정하여 구동독의 유명한 정치가 에리히 호네커(Erich Honecker)와 동급으로 취급해 버린다.[100] 다시 말해 형이상학에 근거한 절대적 가치를 믿지 않는 사람은 저열한 인간상을 갖고 있으며, 그 자신 저열한 사람이라는 것이 파블릭의 결론이다.

곁가지이긴 하지만 일단 다음과 같은 점을 언급해야 하겠다. 지난 20세기에 횡행한 전체주의 독재자들은 인간을 단순히 "영리한 동물"로 파악했고, 따라서 그들의 정치적 목적을 어떠한 "정신의 형이상학"도 없이 대중들에게 전파했다는 가정은 완전히 잘못된 생각이다. 예를 들어 공산주의가 계급과 국가가 없는 미래 사회에 대한 예측과 더불어 극도로 비합리적인 마르크스주의 역사형이상학을 표방했다는 점은 누구나 알고 있는 사실이다. 나치즘과 관련해서는 그 "영도자"인 히틀러가 직접 썼던, 잘 알려져

---

100) Frankfurter Allgemeine Zeitung, 2004년 9월 24일자 39면, 2001년 5월 18일자 52면 참고.

있지 않은 다음과 같은 문장을 인용하겠다. "진정한 국가사회주의자라면 누구나 우주의 창조자가 부여한 사명을 완수할 수 있을 정도로 우리 민족이 성숙을 거듭하도록 투쟁해야 한다."[101]

법의 근거설정과 관련하여 이익을 기초로 삼는 주관주의적 고찰방식이 어떠한 결과를 빚는가는 앞에서 언급한 전체주의 체제가 명확히 보여준다고 주장하는 흔히 제기되는 테제는 한 마디로 우스꽝스럽기 짝이 없는 테제이다.[102] 이들 전체주의 체제는 오히려 인간의 계몽된 이익이 현실에서는 아쉽게도 이데올로기를 극복하여 관철되기 어렵다는 사실을 보여준다. 결국 각 개인의 이익을 고려하여 특정한 기본권을 법적으로 제도화해야 한다는 요청은 모든 형태의 이데올로기가 오류에 불과하다는 사실에 대해 충분한 계몽이 이루어진 정신적 분위기가 조성될 때에 그 실현가능성이 높아진다.

무엇보다 결과적으로는 이익을 토대로 한 고찰방식과 얼마든지 합치할 수 있는 결론에 도달하는 형이상학적 이데올로기를 특히 경계해야 한다. 이와 관련해서는 다음과 같은 사실을 뚜렷하게 의식해야 한다. 즉, 하나의 잘못된 교조적 원칙도 올바른 원칙과 마찬가지로 충분한 근거를 갖는 결론에 도달할 수 있다는 사실이다. 예를 들어 자연법적 고찰방식 역시 보통 절도를 해서는 안 된다는 규범을 포함하고 있다. 이 경우 그 결론은 타당하지만, 그 전제는 —즉, 이 규범의 근거설정을 위해 원용되는 자연법적 원칙은— 타당하지 않다.

결론이 충분히 동의할 만하다는 사실 때문에 이 결론을 지탱하고 있는 원칙까지도 당연히 동의할 가치가 있다고 인정해 버리는 피상적 고찰의 위험은 어디에나 도사리고 있다. 즉, 피상

101) Hitler, S. 234.
102) 이에 대해서는 앞의 110면 이하의 서술도 참고.

적 고찰로 말미암아 잘못된 원칙의 결론들이 올바른 원칙에서
보면 결코 근거지을 수 없는데도 불구하고 이들을 그대로 인정
해 버리는 사태가 자주 발생한다.

　법의 근거설정이 아닌 다른 영역에서 그러한 현상에 대한
보기를 들어보자. 어떤 "돌팔이"가 김수현 양에게 김 양이 앓고
있는 여러 가지 질병과 관련하여 다른 전문의도 당연히 그렇게
했다고 볼 수 있는 아주 확실한 치료법을 알려주었다고 치자. 그
때문에 김 양은 이 돌팔이를 믿게 되어 얼마 전부터 생긴 신장
병에 대해서도 돌팔이가 알려준 치료법을 따랐지만, 실제로 이
치료법은 전문의라면 결코 권장하지 않았을 치료법으로서 오히려
증세가 악화되는 결과를 낳았다.

　자연법원칙을 통해 법의 근거를 설정하는 경우에도 이와 유
사한 과정을 거쳐 다음과 같은 결론에 도달할 수 있다. 절도나
상해와 같은 행위의 금지와 관련하여 어느 정도 입증이 된 자연
법원칙을 근거로 특정한 성행위를 금지하는 결론을 도출하기도
한다. 예컨대 독일연방법원은 1954년의 한 형사재판에서 모든 혼
외정사는 ― 그것도 약혼자 사이의 성교는 "특별한 정도로" ― 매
음매개죄 구성요건에 해당하는 "반도덕적 교접"으로 이해해야 한
다고 판결했다. 재판부에 따르면 "그 자체로서 이미" 타당한 "도
덕률"은 습속이나 관행이 어떠한지는 관계없이 여하한 경우에도
그러한 성교를 금지한다고 한다. 즉, 도덕률은 "인간에게 일부일
처제와 가족을 구속력 있는 생활형식으로 확정했으며", 이를 통
해 "남녀간의 성교는 원칙적으로 혼인관계에서만 이루어지도록"
명령하며, "이에 대한 위반은 성교에 관한 근원적 명령을 침해하
는 것"이라고 한다.[103]

---

103) 인용은 Hoerster [Hrsg.], S. 106 f.에 따름.

성윤리에 관한 이러한 연방재판소의 견해는 50년이 지난 오늘날 독일의 주도적인 법관이나 법학자 어느 누구도 주장하지 않는다. 그렇다고 해서 법을 이렇게 자연법적으로 근거짓는 형식 자체가 완전히 폐기되었다는 뜻은 아니다. 이런 식의 근거설정은 그동안 다른 문제를 둘러싼 법정책적 논의에서 계속 일정한 역할을 해왔다. 예를 들어 적극적 안락사를 둘러싼 논쟁에서 사용되는 주요논거 가운데 하나는 적극적 안락사가 고차원의 질서를 통해 인간에게 미리 주어져 있는, 인간생명의 "불가침성"과 "처분불가능성"에 반하기 때문에 당연히 부정당하고 이를 처벌해야 한다는 주장이다. 인간의 이익을 기초로 하는 관점에서 보면, 여하한 형태의 적극적 안락사도 금지하는 법규범은 모든 형태의 혼외정사를 금지하는 법규범과 마찬가지로 전혀 근거지을 수 없다.[104]

이러한 설명에 비추어 볼 때, 법을 자연법적 형태로 근거지으려는 시도는 그것이 현실적으로 극히 의심스럽고 또한 전혀 인정할 수 없는 결론에 도달할 가능성을 완전히 배제할 수 없다는 이유만으로도 마땅히 거부되어야 한다. 설령 법철학적 논의에서 그러한 결론들에 대해 침묵으로 일관하거나 마치 그러한 결론이 배제될 수 있는 척할지라도 이를 거부해야 한다는 사실에는 변함이 없다. 이 점은 예컨대 오늘날까지도 독일에서 여전히 대단한 명성을 구가하고 있는 임마누엘 칸트(Immanuel Kant)의 자연법적 원칙에도 해당한다는 사실을 다음 장에서 설명하고자 한다.

법에 대한 칸트의 근거설정에서 우리가 반드시 거부해야 할 결론은 개인의 기본권과 마찬가지로 윤리적 측면에서 특히 중요

---

104) 이에 대해 자세히는 Hoerster II, 특히 제1장과 제2장 참고.

한 의미를 갖고, 따라서 우리의 논의와 관련하여 상세히 논의할 가치가 있는 법영역인 국가형벌권에 관련된 것이다. 국가가 개인의 이익에 개입하는 조치 가운데 형벌을 통한 제재보다 더 심대한 영향을 미치는 것은 없다. 과연 형벌이라는 국가의 개입을 이익을 기초로 하는 관점에서 근거지을 수 있는가?

10 | 형벌의 근거

　각 개인은 자신이 살고 있는 사회에서 도덕적 성격의 금지 뿐만 아니라, 법적 성격의 금지도 효력을 가져야 한다는 사실에 대해 상당한 이익이 있다. 여기서 법적 성격의 금지란 국가의 공직자에 의해 제정되고 정립되는 제재와 결부된다는 특성을 갖는다. 이러한 제재는 (강제집행과 같이) 민법적 성격의 것일 수도 있고, (형벌과 같이) 형법적 성격의 것일 수도 있다.[105]

　국가가 민법적 성격의 제재를 정립하는 것에 대해 각 개인의 이익이 걸려 있다는 점은 별다른 근거를 제시할 필요가 없다. 예컨대 절도금지에 대한 이익이 있는 사람이라면 누구나 이러한 금지에도 불구하고, 도둑맞은 재산을 반환받거나 이에 대한 배상을 받는 것에 이익이 있다. 하지만 절도를 한 사람이 형사처벌을 받는 것에 대해서까지도 어떤 이익이 있을까? 이는 확실하게 대답하기 어려운 문제이다.

　이 물음에 대해 이른바 예방형벌이론은 얼핏 보기에는 상당히 설득력이 있는 대답을 준다. 즉, 절도범에 대한 처벌은 — 이익을 기초로 하는 이론적 입장에 지향된 — 이 이론에 따르면 다른 절도범죄를 예방 또는 억제하기 때문에 충분한 근거가 있다고 한다.

---

105) 앞의 7면 참고.

하지만 다음과 같은 몇 가지 측면에서 예방이론을 오해해서는 안 된다. 1. 예방이론은 모든 개개의 절도행위와 관련하여 입증 가능한 예방효과가 있다고 주장하지 않는다. 예방이론은 단지 일반적으로 절도범을 처벌하게 되면 대체로 그와 같은 예방효과가 있다고 주장할 뿐이다. 2. 예방이론은 또한 예방효과가 전면적이어서 일정한 시간이 지난 이후에는 더 이상 절도가 발생하지 않을 것이라고 주장하지 않는다. 3. 예방이론은 구체적으로 어떠한 심리적 과정을 거쳐서 ― 즉, 위협을 통한 소극적 방식인지 아니면 법의식을 강화하는 적극적인 방식인지 ― 예방효과가 성립하는지에 대해서는 분명한 대답을 하지 않는다. 4. 예방이론은 예방의 효과가 있다는 이유만으로 여하한 종류의 형벌이든 모두 정당성이 있다고 주장하지 않는다. 설령 예방효과가 있을지라도 죄 없는 사람에게 형벌을 부과해서는 안 되고, 형벌의 종류와 정도가 일정한 기본권에 합치해야 하며, 또한 저지른 범죄행위에 비추어 적절한 비례성을 갖추어야 한다고 본다. 따라서 예방이론에 따르더라도 절도범을 신체 절단형이나 종신형에 처해서는 안 된다.

절도와 같이 금지된 범죄행위에 대한 처벌이 실제로 어느 정도 예방작용을 한다는 점은 일상의 경험이나 역사적인 실례[106]를 보더라도 틀림없는 사실이다. 국가형벌권을 통해 처벌되는 여타의 범죄행위에 대해서도 아마 마찬가지로 생각할 수 있을 것이다.

이와 관련하여 국가형벌권의 근거설정에 대한 논의에서 간과하곤 하는 한 가지 사실에 주의를 기울일 필요가 있다. 즉, 법질서에 의해 금지된 **모든** 위법한 행위가 국가에 의해 가벌적 행

---

106) 국가의 형벌시스템이 제대로 작동하지 못하면 실제로 절도행위가 급증한다.

위 또는 범죄행위로 여겨지지는 않는다는 사실이다. 예를 들어 매수인이나 임차인이 약정한 매매대금 또는 임대료를 지불하지 않는다고 해서 현재 독일법에 따를 경우 위법이기는 하지만, 형사처벌의 대상인 것은 아니다.

이러한 위법적인 행위에 대해 왜 국가의 형벌을 규정하고 있지 않는지를 물어볼 수 있다. 국가형벌이 특별히 중대하거나 도덕적으로 특별히 비난받아 마땅한 행위에 대해서만 부과된다는 기존의 설명은 별다른 설득력이 없다. 왜냐하면 그런 식으로 생각하면 아무런 경제적 능력이 없으면서도 아무 생각 없이 엄청난 빚을 진 사람의 행위는 백화점에서 전구 하나를 훔치는 행위에 비해 훨씬 더 중대하고, 도덕적으로 비난받아 마땅하기 때문이다. 내 생각으로는 예방형벌이론은 다음과 같은 사고를 통해 그 근거를 찾으려고 하는 것 같다.

모든 형벌은 그 자체 해악이며, 단지 형벌을 통해 유발되는 장래의 선을 통해서만 정당화될 수 있다. 여기서 장래의 선이란 위법한 행위를 예방하는 것이다. 하지만 앞에서 말한 민사제재만으로도 그와 같은 예방효과를 거둘 수 있다. 왜냐하면 강제집행에 따른 비용까지 부담해야 한다면, 이는 곧 부채액수를 상회하는 액수를 부담하는 것이므로 누구든지 가급적 국가의 강제집행을 피하려고 하기 때문이다. 이 점에서 국가의 강제집행은 일반적으로 예방효과를 갖고 있다. 물론 강제집행의 일차적 목적은 예방이 아니라, 이미 존재하는 민사상의 청구권을 충족시키기 위한 것이다.

그렇다면 국가는 왜 모든 위법한 행위와 관련하여 원상회복을 목적으로 하는 강제집행 ― 이미 설명한 대로 이 역시 예방효과를 가진다 ― 만을 규정하고 형사제재는 포기하는 길을 걷지 않는 것일까? 왜냐하면 강제집행은 임대료를 지불하지 않은 임차인에게 위협이 될 뿐만 아니라, 절도범에 대해서도 소유자에게 훔친 물건을 반환하거나 그로 인한 손해를 배상하라는 위협이 되기 때문이다.

　이 물음에 대한 유일하게 설득력 있는 대답은 ― 예방이론이 그렇듯이 ― 다음과 같은 차이점을 중시한다. 즉, 임대료를 지불하지 않는 임차인은 어차피 그의 계약상대방인 임대인이 (따라서 간접적으로는 국가의 제재기관도) 이미 알고 있다는 사실이다. 이에 반해 절도범, 강도 또는 살인자의 경우에는 사정이 완전히 다르다. 범인이 누구인가는 보통 상당히 복잡한 수사과정을 거쳐야 비로소 확인할 수 있다. 이는 결국 첫 번째 경우에 강제집행이 가질 수 있는 예방작용(강제집행이 거의 확실시된다)은 두 번째 경우의 예방작용(강제집행이 이루어질 수도 있다는 막연한 가능성)에 비해 훨씬 더 강하다는 것을 뜻한다.

　따라서 첫 번째 경우에는 강제집행을 하겠다고 위협함으로써 충분히 예방효과를 얻을 수 있는 반면, 두 번째 경우는 결코 그렇지 않다. 이 경우에는 예방효과를 거두기 위해서는 추가로 형사제재까지 위협해야만 한다. 물론 형사제재를 위협하더라도 범인의 신원이 처음부터 알려져 있는 것은 아니다. 하지만 형사제재의 위협이 잠재적 범죄인에게 상당한 영향을 미친다는 점은 분명하다. 자신의 신원이 확인되기만 하면 강제집행에 덧붙여 이보다 더 심각한 형사제재까지 추가될 것이며, 강제집행의 경우와는 달리 형사범죄에 대해서는 국가가 직접 나서서 범인의 신원을 수사할 것이기 때문이다. 물론 수사결과는 강제집행의 목적으로도 이용될 수 있다.

　그렇긴 하지만 국가형벌이라는 제도가 국가와 납세자에게 상당한 비용을 부담하게 만든다는 사실을 감안한다면, 형사제재가 아무런 예방작용도 하지 못하는 위법행위에 대해서는 형벌을 아예 포기하는 것이 낫다고 볼 수 있다: 즉, 이 경우에는 소요되는 비용이 도달 가능한 결과에 비추어 전혀 합리적이라 볼 수 없다. 또한 형벌이라는 해악 자체는 언제나 부정적인 요소일 뿐이라는 사정도 고려해야 한다. 예방형벌이론에 대해서는 일단 이 정도의 설명으로 만족하기로 한다.

칸트의 자연법사상은 국가형벌에 대해 예방이론과는 완전히 다른 근거를 제시한다. 칸트의 입장에서 국가형벌이라는 해악은 결코 장래의 행위에 대한 예방이 아니라, 과거의 행위에 대한 응보에 기여한다. 그에 따르면 위법한 행위는 형벌을 통해 반드시 응보가 이루어져야 한다는 실천이성의 형이상학적 원칙이 존재한다고 한다. 칸트는 "법관이 선고한 형벌은 단순히 범죄자나 시민사회를 위한 어떤 선(善)을 촉진하는 수단이 아니라, 오로지 범죄자가 범죄를 저질렀다는 사실 하나만을 이유로 부과되는 것이어야 한다"고 하면서, 이와 관련해서는 "응보의 법(탈리오 법 ius talionis)이 형벌의 질과 양"을 결정한다고 한다. 다시 말해 어떤 범죄에 대해서는 최대한 "그와 같은 것"으로 응보해야 한다고 한다.[107]

이는 결과적으로 한 범죄자가 살인을 저질렀다면, "그는 죽어야 한다"는 것을 뜻한다. 왜냐하면 이 경우 사형 이외에는 "정의를 충족하기 위한 다른 대체수단"이 없기 때문이다. 이 점에서 칸트는 아주 확고한 결론을 내세운다. "한 시민사회가 모든 구성원의 동의하에 사회를 해체하기로 한 경우(예를 들어 어느 섬에 살고 있는 주민들이 섬을 떠나 전 세계로 흩어지기로 결의한 경우)라 할지라도, 감옥에 남아 있는 최후의 살인자까지 남김없이 처형한 이후에 해체해야 한다."[108]

---

107) Kant, S. 453 f.
108) Kant, S. 455.

칸트의 법철학이 현대 민주주의 체제의 핵심요소라 할 수 있는 인간의 자유권과 공화주의 국가체제를 적극적으로 옹호하는 내용을 담고 있다는 것은 틀림없는 사실이다. 그러나 칸트가 그러한 주장을 했다는 사실로부터 칸트가 이러한 요소들을 정당화하는 데 필수불가결하다고 여긴 형이상학적 근거설정까지도 당연히 옳다는 잘못된 결론을 도출해서는 안 된다. 그와 같은 형이상학적 근거설정이 어떻게 잘못된 결론에 도달할 수 있는지는 위에서 설명한 칸트의 형벌이론을 보더라도 분명히 알 수 있다. 설령 철저한 칸트주의자라 할지라도 오늘날 그와 같은 형벌이론에 명시적으로 동의하는 사람은 거의 없다. 칸트의 형벌이론에 따르면 예방이론과는 달리 **모든** 위법한 행위는 반드시 형법적으로 처벌해야 한다는 결론에 이른다는 사실 하나만으로도 칸트의 형벌이론은 이미 우리로서는 결코 인정할 수 없는 이론이 되어 버린다.

이 점에서 인간이 가질 수 있는 어떠한 이익으로부터도 완전히 단절된 채 오로지 형벌을 통한 응보만이 명예로운 법률이라고 선언하는 "정언명령(kategorischer Imperativ)"을 주장하는 칸트의 형벌이론[109]보다는 기본적으로 이익을 기초로 하여 법에 대한 근거설정을 하는 형태와 양립할 수도 있는, 다른 형태의 응보이론이 더 관심을 끈다.

이런 다른 형태의 응보이론은 법위반에 대해서는 반드시 응보가 이루어져야 한다는 규범이 인간의 이성에 앞서 미리 주어져 있다는 식의 형이상학적 전제에서 출발하지 않는다. 오히려한 사회에 전반적으로 퍼져 있는 응보에 대한 **욕구**, 즉 사람들이 사실상 갖고 있는 경험적 욕구를 출발점으로 삼는다. 이러한 응보이론은 다음과 같은 의문을 제기한다. 이익을 기초로 하는 관

---

109) Kant, S. 453.

점에서 보더라도 응보에 대한 사람들의 욕구나 이익도 예방에 대한 욕구나 이익과 마찬가지로 고려해야 하지 않을까? 응보에 대한 사실상의 욕구만으로도 칸트의 응보이론과 동일한 결론(즉, 형벌의 예방효과를 전혀 감안하지 않는 결론)을 충분히 근거지을 수 있지 않은가? 법률에 충실한 선량한 시민들의 응보와 복수에 대한 욕구를 충족하는 사형을 굳이 반대할 이유가 있는가? 칸트의 형이상학적 입장의 배후에는 사실상 그와 같은 현실적 욕구를 이데올로기로 포장하려는 의도가 숨겨진 것이 아닐까?

일단 (발생한 손해를 단순히 원상회복시키는 차원을 뛰어 넘어) 응보와 복수에 대한 욕구가 일반 국민들 사이에 만연되어 있다고 가정하자. 그렇다면 내가 보기에 결정적인 의미를 갖는 물음은 이것이다. 즉, 이러한 상황에서 각 개인은 순수한 응보형, 다시 말해 범죄자 본인이나 다른 일반인에게 장래에도 전혀 예방효과를 미치지 않는 해악부과에 대해 어떤 이익을 갖는가? 평균적인 사고를 하는 사람이라면 다음과 같은 이유에서 이 물음에 대해 부정적으로 답을 할 수밖에 없을 것이다.

한 개인에게 복수욕구가 존재하고 있다는 사실만을 이유로, 이 개인이 자신의 복수욕구의 근거가 무엇인지를 따져보거나 그러한 욕구 자체를 비판하는 경우도 없다고 결론지어서는 안 된다. 그러한 욕구를 자세히 고찰해 보면, 전혀 근거가 없는 전제에 기초하는 경우가 많다. 이러한 경우라면 응보나 복수에 대한 욕구는 진정한 (즉, 계몽된) 이익에 부합하지 않으며, 기존의 현실이나 제도를 옹호해야 할 합리적 근거가 될 수도 없다.110)

응보에 대한 욕구가 때로는 응보가 신의 명령 또는 칸트가 말하는 이성의 정언명령에 따르는 것이고, 따라서 인간이 당연히

---

110) 이 점에 대해서는 앞의 111면 이하 참고.

욕구해야 마땅한 것이라는 전제에 기초할 수도 있다. 그러나 이러한 전제는 결코 합리적으로 근거지을 수 없기 때문에, 사실상 존재하는 응보에 대한 욕구는 진정한 이익과 동일한 것일 수 없다. 우리 각 개인은 응보를 목적으로 행하는 해악부과를 옹호해야 할 충분한 근거를 갖고 있지 않다.

물론 응보에 대한 욕구가 순전히 경험적인 성격의 전제에서 출발할 때도 있다. 예를 들어 그러한 욕구를 갖고 있는 사람이 자기 자신만은 결코 응보형의 대상이 되지 않을 것이라고 생각할 수 있다. 이는 자신은 결코 범죄행위를 저지르지 않을 것이며, 따라서 응보형의 피해자가 되지는 않을 것이라는 뜻이다. 이러한 전제는 많은 경우 상당히 근거가 있다. 하지만 각 개인이 평소에는 분명하게 의식하고 있지 않지만, 얼마든지 중요한 의미를 갖게 될 소지가 있는 전제도 있다. 예를 들어 자기 가족이나 친구는 결코 범죄자가 되지는 않을 것이라는 전제를 생각해 보자. 이 전제가 항상 옳지만은 않다는 것은 우리 모두가 잘 알고 있는 사실이다. 따라서 단순히 복수욕구 때문에 응보형을 지지하는 사람일지라도, 그가 합리적으로 사고한다면 스스로에게 다음과 같이 물어 보아야 한다. "내 형제나 친구가 순수한 응보형의 희생자가 될 수도 있다는, 완전히 배제할 수만은 없는 위험을 감수하고서라도 계속 응보형을 고집해야 할까?"

내 추측으로는 자신이 응보형의 지지자라고 즉흥적으로 말하는 사람들 대부분이 국가형벌이 상당한 **예방작용도** 한다는 사실을 믿고 있는 것 같다. 그렇지 않고서는 이 사람들이 여하한 위법행위든 반드시 응보형을 부과해야 한다고 주장하지 않는다는 사정을 설명할 길이 없다.

무엇보다 우리의 태도를 규정하고 있는 진정한 근거를 즉흥적으로 언급하기 어렵다는 사실을 생각해 볼 필요가 있다. 물론 우리가 깊은 생각을 거쳐 우리들이 취하고 있는 태도의 합리적 토대가 되는 근거를 분명히 의식할 능력과 자세를 갖추고 있는 한, 커다란 문제가 없다. 그렇기 때문에 많은 사람들이 범죄자에 대해 즉흥적으로 응보욕구를 느낀다는 사실이 아주 중요한 의미를 갖는 것은 아니다. 국가형벌이 예방효과를 갖는다는 점이 확실한 이상, 일반 국민들 속에 만연되어 있는 응보욕구는 **사실상** ─사람들이 이 점을 스스로 성찰해 보고, 성찰의 결과를 언제나 의식하고 있지 않더라도─ 형벌이 응보효과를 갖는 데 기여를 하며, 심지어 응보이론의 지지자에 대해서도 결과적으로는 장래의 목적과 관련된 기능을 한다. 이렇게 볼 때, 사람들이 무비판적으로 내면화하고 있는 응보욕구는 결과적으로 장래의 범죄를 예방하는 데 도움이 된다.

　일반 국민들 사이에 퍼져 있는 즉흥적인 응보욕구의 문제점과 관련해서는 다른 근거를 제시할 수도 있다. 즉, 형벌이 근거를 갖기 위해서는 사실상 다음과 같은 조건을 충족해야 한다. 1. 형벌이 행해진 범죄행위에 대해 책임이 있는 자에게 부과될 것. 2. 형벌이 범죄행위의 비중과 적절한 비례성을 가질 것.[111] 형벌이 이미 행해진 범행과 관련을 맺는다는 의미의 응보는 사실상 정당한 형벌의 필연적인 전제가 된다.

　이익에 기초한 고찰방식에서 보면, 그 근거를 어렵지 않게 인식할 수 있다. 즉, 위에서 말한 조건을 충족하지 못하는 형벌은 결코 각 개인에게도 이익이 될 수 없다. 왜냐하면 확실한 이해력을 갖춘 정상적인 사람이라면 자신이나 자신의 가족이 어떤 범죄행위에 대해 전혀 책임이 없더라도 처벌을 받도록 하는 형벌체계나 저지른 범죄의 정도에 비해 전혀 비례성이 없는 형벌

---

111) 앞의 120면 참고.

을 규정하고 있는 형벌체계를 옹호하지는 않을 것이기 때문이다.

다시 말해 장래의 규범위반을 예방하는 것은 의문의 여지없이 합리적인 목표이긴 하지만, 어떠한 대가를 치르더라도 예방을 해야 한다는 뜻은 아니다. 소비자인 나로서는 장래에 상점절도의 범죄율이 낮아지는 것에 대해 충분히 이익이 있다. 왜냐하면 상점절도의 빈도는 물건의 가격에도 영향을 미치기 때문이다. 그렇지만 아무 죄도 없는 어린 아이를 상점절도범으로 몰아 감금을 하거나 상점절도범을 교수형에 처하는 것은 나의 포괄적(즉 이타적 요소까지 포함하여) 이익에 결코 부합하지 않는다.

끝으로 사형제도에 대해 간략하게 언급을 하자. 과연 예방을 토대로 사형을 정당화할 수 있을까? 아마도 전혀 그렇지 않다고 말할 수는 없을 것이다. 즉, 생각할 수 있는 최악의 형벌인 사형이 살인과 같은 최악의 범죄행위를 예방하는 수단으로 고려되지 않을 이유는 없다. 하지만 다음과 같은 관점이 사형제도에 대한 결정적 반론이 된다는 사실을 알아야 한다. 1. 사법착오에 의해 집행된 사형은 —다른 형태의 형벌과는 달리— 이를 사후적으로 (최소한 부분적이라도) 원상회복시킬 수 있는 어떠한 방법도 없다. 2. 사형이 종신형보다 더 강한 예방작용을 한다는 설득력 있는 증거가 없다. 덜 중한 형벌이 똑같은 효과를 미친다면 무엇 때문에 더 중한 형벌인 사형을 존치시켜야 한다는 말인가?

11 | 법복종의 근거

　앞의 두 장에서 이루어진 설명은 법에 대한 합리적 근거설정에 따른 어떤 결론들에 대한 포괄적인 이론을 제시하는 것을 목적으로 하지 않았다. 단지 현대의 모든 계몽된 법질서가 내포하고 있는 두 가지 요소—즉, 개인의 기본권과 국가형벌—에 비추어, 형이상학으로부터 해방되어 개인의 이익에서 출발하는 고찰방식이 어떻게 법에 대한 근거설정의 문제를 다룰 수 있는지를 대강이나마 보여주려고 시도했을 뿐이다.

　이와 같은 법윤리적 설명의 마지막 단계로서 이 장에서는 개인의 이익을 기초로 하는 관점에서는 법복종의 문제나 앞에서 언급했던 준수테제[112]에 대해서는 어떠한 입장을 취하게 되는지를 간략하게 서술하겠다. 일단 법을 준수해야 할 어떤 윤리적 명령이 존재하는지에 대한 물음은 형사제재와 결합된 명령규범뿐만 아니라, 다른 모든 법적 명령규범도 대상으로 한다는 사실을 지적하고자 한다.

　국민 개개인은 자신들의 이익에 비추어 볼 때, 유효한 규범에 대해 단지 그것이 유효한 법규범이라는 이유만으로 이를 준수해야 할 충분한 근거가 있는가? 우리가 법실증주의에 대한 논의와 관련하여 이미 살펴본 대로 언제나 그러한 근거가 있는 것

---

112) 83면 이하.

은 아니라는 점은 분명하다. 법규범의 준수와 관련해서는 원칙적
으로 두 가지 서로 다른 근거를 고려해야 한다는 점을 인식하는
것은 매우 중요하다. 하나는 제재중심의 근거이고, 다른 하나는
헌법중심의 근거이다.[113]

법준수와 관련된 제재중심의 근거는 국민이 해당 법규범을
준수하지 않을 때에는 자신에 대해 국가의 제재가 부과될 확률
이 아주 높다는 사실에 기초한다. 예를 들어 내가 자동차를 운전
하고 있는 지역에서 교통단속이 이루어지고 있다면, 나는 법률에
정해진 속도제한을 준수해야 할 충분한 근거를 갖는다.

이에 반해 헌법중심의 근거는 아마도 누구에게나 자명하게
받아들여지지 않을 것이다. 이 근거는 국민이 각자의 관점에서
입법자에게 유효한 법률을 제정하라는 권한을 부여한 헌법규범
자체를 인정할 충분한 근거가 있다는 전제하에서만 타당성을 갖
는다. 왜냐하면 내가 규범을 제정하는 권위를 인정해야 할 충분
한 근거가 있다면, 자동적으로 이 권위를 통해 제정된 규범까지
도 인정해야 할 충분한 근거가 있기 때문이다.

구체적인 보기를 들어보자. 만일 내가 민주주의자로 자처할
충분한 근거를 갖고 있다면, 나는 민주적 절차를 거쳐 성립된 법
률을 인정하고 이를 준수해야 할 충분한 근거도 갖는다. 다시 말
해서 내가 민주주의자라면 설령 교통단속이 없어서 사실상 국가
의 제재가 부과될 위험이 없다고 할지라도, 속도제한을 규정한
법률을 준수할 충분한 근거가 있다. 이에 반해 내가 살고 있는
나라의 헌법을 인정해야 할 어떠한 근거도 없다면, 나는 이 헌법
에 따라 성립한 법규범이 단순히 유효한 법규범이라는 이유만으
로 이를 인정해야 할 아무런 근거도 없다. 나는 단지 구체적인

---

113) 이에 대해서는 앞의 37면 이하 및 65면 이하 참고.

경우에 따라 법규범의 준수와 관련하여 제재중심의 근거만을 갖게 될 뿐이다.

하지만 규범준수와 관련하여 지금까지 서술한 내용을 자세히 고찰해 보면 반쪽의 진리에 불과할 수 있다. 왜냐하면 제재중심의 근거이든 헌법중심의 근거이든 어느 경우에나 모든 상황에서 반드시 법을 준수해야 할 **결정적** 근거로서는 불충분하기 때문이다. 이는 무엇보다 이 두 가지 근거가 법규범의 내용에 대해서는 직접적으로 관련이 없다는 사실에서 드러난다. 즉, 어떤 법규범이 어떠한 내용을 갖고 있는지 그리고 구체적으로 어떠한 행위가 명령되어 있는지는 전혀 상관하지 않은 채, 그 규범을 준수해야 할 절대적 근거가 있다고 믿는 것은 결코 합리적이라 할 수 없다.

이 문제는 다음과 같이 해결하면 될 것 같다. 즉, 앞에서 말한 두 가지 법복종 근거를 단순히 **원칙적인** 근거로만 파악하는 것이다. 다시 말해 모든 경우마다 일단은 어느 정도 비중을 갖는 근거로 보고, 구체적인 경우에 비추어 법준수를 거부해야 할 더 중대한 근거가 존재하지 않는 한, 이 두 가지 근거의 타당성을 인정하면 된다.

물론 구체적인 경우에 이 두 가지 근거에 반대되는 더 중대한 근거는 거의 대부분 도덕적 성격을 갖는다. 예를 들어 한 국민의 입장에서 어떤 규범이 명령하고 있는 행위가 그가 구속력을 갖는다고 인정하는 도덕규범에 명백히 모순된다면, 이 국민은 설령 제재를 받을 위험이 있고 또한 헌법을 인정하고 있다고 할지라도 그 규범에 대한 복종을 거부할 충분한 근거를 갖는다. 이는 특히 이른바 "불법국가"에서 자주 발생하는 상황이다.[114) 하

---

114) 앞의 92면.

지만 충분히 인정할 만한 헌법을 가진 국가에서도 국민이 도덕적 근거에서 개별 법규범을 준수할 가치가 없다고 여기는 경우가 있다. 따라서 하나의 법규범이 민주적 절차에 따라 성립했다는 사실은 그 법규범의 내용에 대해서는 아무 것도 말해주는 바가 없다.

이밖에도 어떤 규범이 비록 국민에게 결코 부도덕하다고 볼 수 없는 행위를 요구하지만, 전혀 그 근거를 납득할 수 없는 제한이나 의무를 부과하고 있다면, 국민은 법준수를 거부할 충분한 근거를 갖는다.

이에 대한 보기는 아마도 현행 독일 형법상의 한 규정이 적절할 것 같다. 독일 형법 제173조는 남매 사이의 동침을 금지하고, 이를 위반할 때에는 "2년 이하의 자유형"에 처하도록 규정하고 있다.[115] 더 단순한 보기는 보수공사가 끝난 도로에 계속 속도제한표지가 있는 경우이다. 이와 같은 경우에 국민은 헌법중심의 논거가 일단 우선한다는 원칙을 무시하고, 단순히 자신에게 가해질지도 모를 제재의 정도나 개연성에 비추어 법준수 여부를 결정할 충분한 근거를 갖는다.

---

[115] 관련 조문은 다음과 같다(옮긴이).
[근친상간]
① 혈연관계에 있는 비속과 성교한 자는 3년 이하의 자유형 또는 벌금형에 처한다.
② 직계존속과 성교한 자는 2년 이하의 자유형 또는 벌금형에 처한다. 친족관계가 소멸한 경우에도 또한 같다. 상간한 친형제자매도 제1문과 동일하게 처벌한다.
③ 행위 당시 18세에 이르지 아니한 비속 및 형제자매는 동 조항에 따라 처벌하지 아니한다.

12 | 개별사례에서의 법발견

    법질서에 속하는 제정법이나 관습법과 같은 법규범은 거의 대부분 일반적 성격을 갖는 규범이나 사회규범이다. 이는 법규범이 일반개념을 사용하고, 따라서 불특정 다수의 구체적 사례에 적용할 수 있다는 뜻이다. 일반 국민이든 공직자이든, 수범자라면 특정한 개별사례가 법규범에 해당되는지를 알고 싶어 한다. 개별사례에서의 법발견이라는 문제에 대한 이하의 논의는 원칙적으로 제정법으로서의 성격을 갖는 규범과 관련된 법발견만을 대상으로 한다.

    이 문제에 대한 올바른 대답은 많은 경우 아주 자명한 것으로 여겨진다. 어떤 법규범의 수범자가 관련된 법규범에서 사용되고 있는 개념과 동일한 개념을 통해 구체적 사안을 서술하는 경우가 그렇다. 예를 들어 어떤 국민 B가 자신이 몹시 싫어하는데도 늘 만나야만 되는 어떤 "사람"을 "살해"해도 되는지를 알고 싶다면, 그는 독일 형법 제211조와 제212조의 조문("사람을 살해한 자는 ……")을 읽어 보는 것만으로 그러한 행위를 해서는 안 된다는 사실을 곧바로 알게 된다. 또한 어떤 공직자 A가 형법상의 금지에도 불구하고 이 "사람"을 "살해"한 B에 대해 제재를 부과하도록 법이 규정하고 있는지 알고 싶다면, A 역시 이 형법 조문으로부터 직접 자신의 의문에 대한 답을 구할 수 있다.

    한 법규범의 수범자가 구체적 개별사례에 대해 서술하면서 비록 이 법규범에 등장하는 개념들을 그대로 사용할 수는 없더라도, 일반적인 언어이해에 비추어 의심의 여지없이 그러한 개념에 포함된다고 볼 수 있는 다른 개념을 사용할 수만 있다면 문제해결에는 별다른 어려움이 따르지 않는다. 예를 들어 위에서 든 보기에서 B가 "에스키모를 사살"해도 좋은지 또는 A가 "에스키모를 사살"한 B의 행위에 대해 어떻게 반응해야 하는지가 문제될 수 있다. 이 경우 독일어를 제대로 구사하는 사람이라면 "에스키모를 사살"하는 행위가 "사람을 살해"하는 행위에 속한다는 사실을 절대적으로 확신해도 좋다.

"법학방법론"에 관한 문헌에서 늘 제기되는 테제에 따르면, 특정한 개별사례가 특정한 일반 법규범에 속하는가에 대한 대답은 언제나 법에 대한 "해석"을 전제로 하며, 개별사례에 대한 법관의 결정은 그와 같은 "해석"이 없이는 불가능하다고 한다. 하지만 위의 간단한 예에서 볼 수 있듯이 이 테제는 명백히 거짓이다.

물론 하나의 규범(구체적으로 해당하는 규범명제)에 대한 "해석"이라는 말이 이 규범에 대한 "이해"와 동일한 의미라면 이 테제가 맞을 수도 있다. 하지만 규범에 대한 "해석"은 이에 대한 단순한 "이해"를 훨씬 뛰어넘는 차원이다. 만일 내가 다른 사람의 얼굴을 수차례에 걸쳐 주먹으로 치는 행위가 타인의 "신체에 대한 학대"를 금지하고 있는 독일 형법 제223조에 해당하는지를 알고 싶다고 해서, 이 조문을 해석해야 할 필요는 없다. 물론 내가 이 규범을 적용할 수 있기 위해서는 반드시 이 조문을 이해해야 한다. 만일 내가 독일어를 잘 모르는 외국인이라면 이해를 할 수 있는 조건이 충족되어 있지 않다.

지금까지 언급한 보기들에서 알 수 있듯이, 개별사례 또는 사례집단을 불특정 다수의 수범자를 대상으로 하는 사회규범에 귀속시키는 이른바 "포섭(Subsumtion)"이 언제나 이 규범에 대한 해석을 전제로 해야만 하는 것은 아니다. 오히려 다수의 경우에 그러한 포섭은 규범에 대한 해석을 전제한다고 말해야 정확하다. 다음과 같은 보기를 들어 보자.

누군가가 어느 젊은 여자의 동의를 받지 않고서 유행이 한참 지났다는 이유로 그녀의 생머리를 잘라버렸다고 가정해 보자. 또는 누군가가 자신이 혐오해 마지않는 정치가의 얼굴에 침을 뱉었다고 하자. 이러한 행위도 독일 형법 제223조가 금지하고 있는 행위에 해당하는지를 알기 위해서는 이 조문에서 사용되고 있는 "신체에 대한 학대"라는 개념에 대한 해석을 필요로 한다.

다른 보기를 들어보자. 법관 R은 누이동생을 사랑하는 피고 A를 처벌해야 하는지를 재판해야 한다. R의 재판결과는 독일 형법 제173조에 비추어, A가 누이동생과 "동침"을 했는지에 달려 있다. A는 지난 주 월요일에 누이동생과 격정적인 키스를 했고, 목요일에는 그녀와 성교를 했으며, 일요일에는 자신의 성기를 누이동생의 이른바 "외음부"에만 삽입했다는 사실을 입증할 수 있다고 전제하자. 법관 R은 분명 "동침"이라는 개념에 대한 단순한 이해에 비추어 A는 월요일의 행위가 아니라, 목요일의 행위 때문에 처벌되어야 한다는 결론에 도달하게 된다. 하지만 A가 일요일에 행한 행위의 가벌성을 결정해야 한다면, R은 "동침"이라는 개념에 대해 해석을 하지 않을 수 없다. "동침"이라는 개념이 갖고 있는 일상적인 의미로는 독일 형법 제173조의 처벌대상이 된다고 볼 수도 있고 그렇지 않다고 볼 수도 있다. 실제로 독일의 법전문가들 사이에서도 독일 형법 제173조에 따른 가벌적 "근친상간"이 성립하기 위해서는 "남성의 성기가 여성의 질에 어느 정도 삽입이 되어야 하는지"[116] 아니면 연방재판소가 판시한 것처럼 "남성의 성기가 질에까지는 도달하지 않았더라도 여성의 성기에

조금이라도 삽입이 된 것"만으로 충분한지[117]를 둘러싸고 격렬한 논쟁이 벌어지고 있다.[118]

이와 같은 사례에서 어떠한 기준에 따라 법률해석이 이루어질 수 있는가 하는 물음을 다루기 전에, 먼저 왜 많은 경우에 규범 또는 규범에서 사용되는 개별적인 개념에 대한 해석이 불가피한지를 자세히 설명하겠다.

우리의 일상 언어에서 사용하는 거의 모든 개념은 이 개념을 명백히 적용할 수 없는 영역 및 이를 명백히 적용할 수 있는 영역(이른바 핵심영역)과 함께 적용 여부를 명백히 판단하기 어려운 한계영역을 포함한다. 즉, 어떤 개념을 적용할 수 없는 것이 확실한 경우와 적용을 하는 것이 확실한 경우가 있는가 하면, 이 개념으로 포섭해야 할 것인지를 결정하기 어려운 경우도 있다. 그 이유는 모든 개념의 의미는 정도의 차이에 따라 다르긴 하지만, 불확실하거나 모호하기 마련이기 때문이다.

이런 뜻에서 코끼리와 장미는 "인간"이라는 개념에 명백히 속하지 않으며, 노인은 피부색깔이 어떻든 "인간"이라는 개념의 핵심영역에 속한다. 이에 반해 배아는 "인간" 개념의 한계영역에 속한다. 다른 예를 들어보자. 쾰른 대성당은 명백히 "교회"라는 개념에 속하고, 베를린의 제국의회는 명백히 "교회"라는 개념에 속하지 않는 반면, 내가 "교회"라고 해야 할지 아니면 "기도원"이라고 해야 할지 확실하게 말할 수 없는 여러 가지 종교건축물이 존재한다.

이러한 맥락에 비추어 볼 때 법철학적으로 아주 중요한 의

---

116) 이는 형법학자 테오도르 렌크너(Theodor Lenckner)의 입장이다(Schönke/ Schröder, Rn. 3 zu §173).

117) BGHSt, Bd. 16, S. 177.

118) 법률의 해석과 관련된 또 다른 보기는 앞의 55면 참고.

미가 있는 물음은 다음과 같은 것이다. 1. 하나의 개념과 관련하여 어떠한 지점에서 그 개념의 적용을 확실히 긍정 또는 부정할 수 있는 영역으로부터 그것이 불확실한 한계영역으로 넘어가게 되는지를 합리적인 방식으로 확인할 수 있는가? 2. 한 규범의 한계영역에 속하는 사례에서 충분한 근거가 있는 법발견에 도달할 수 있는 확실한 방법이 있는가? 3. 이 두 가지 물음과 관련하여 법학은 어떠한 역할을 하는가?

앞의 설명에서 알 수 있는 바와 같이 한 개념의 적용영역은 바로 그 개념의 의미가 무엇인가에 달려 있다. 개념의 의미는 해당되는 언어공동체 내에 존재하는 규약(또는 묵시적 약속 Konvention)에 따른다. 예컨대 특정한 건물이 "교회"라는 개념의 핵심영역에 속하는지 혹은 "기도원"이라는 개념의 핵심영역에 속하는지 아니면 양 개념의 한계영역에 속하는지는 언어규약의 문제이다.

모든 종류의 사회적 규약은 원칙적으로 관찰 및 해당되는 사람들에 대한 설문조사라는 경험적 방법을 통해 그 내용을 확인할 수 있다. 물론 대부분의 경우에는 자기 스스로를 관찰하거나 스스로 물음을 제기해 보는 것만으로 충분하다. 그런데도 의심이 가는 경우에는 다수의 사람들을 끌어들여, 예컨대 보통의 언어사용자들이 특정한 종교건축물에 대해 어느 정도의 크기일 때에는 결코 "교회"라고 부르지 않는지를 확인할 수 있다. 이러한 확인을 거친다면 법적용자가 일반적인 언어사용에서 "교회"개념에 속하지 않는 건축물을 "교회"개념에 포섭시킬 수 없을 것이다. 물론 이러한 경우 독일어 사전을 찾아보는 것도 도움이 된다.

요컨대 이해를 목적으로 어떤 규범의 의미를 확인하는 것은 경험적인 작업이다. 물론 법규범은 항상 특수한 법적 맥락과 관련을 맺고 있지만, 그렇다고 의미 확인이 경험적 작업이 아니라고 해야 할 이유는 없다. 특수한 법적 맥락이 법규범의 이해에 미치는 영향은 두 가지 측면에서 파악할 수 있다.

첫째, 법규범 및 법규범에 등장하는 특정한 개념이 오랜 시간
이 경과하면서 일상언어상의 의미와는 상당한 거리가 있는 특수
한 법적 의미를 갖는 경우가 있을 수 있다. 하지만 이러한 경우
에도 보통의 경우와 마찬가지로 원칙적으로는 경험적 방법을 통
해 ― 예컨대 법률가들만을 끌어들여 ― 의미를 확인할 수 있다.

둘째, 문제가 된 법규범(n1)의 특정한 의미가 다른 법규범(n2)
으로부터 도출될 수 있는 경우가 있다. n2가 n1에서 등장하는 개
념에 대해 명백히 정의하고 있을 때가 그러한 경우이다. 이 경우
에는 n2의 의미를 확인해야 한다. 예를 들어 독일 민법 제598조
(n1)는 "물건을 대여한 자는 이를 대여받은 자에게 그 물건의 사
용을 무상으로 허용할 의무가 있다"고 규정하고 있고, 독일 민법
제90조(n2)는 다시 "본 법률에서 말하는 물건은 유체물만을 의미
한다"고 확정하고 있다. 이 경우에도 결국 n2의 의미를 확인하기
위해 경험적 방법을 이용해야 한다.

이렇게 볼 때 일정한 개별사례나 사례집단이 한 규범의 핵
심영역에 속하는지는 합리적인 방법으로 확인할 수 있다. 물론
포섭을 거쳐 최종적인 법발견에 도달하기 위해서는 논리적 추론
이 필요하다. 우리는 앞에서[119] 규범표명적인 명제들 사이에는
서술명제들 사이와 마찬가지로 원칙적으로 논리적 추론관계가 존
재할 수 있다는 점을 밝혔다.

법학자는 ―학자로서의 기능에 부합하여― 포섭과 논리적
추론이라는 두 가지 활동을 수행한다. 첫째, 법학자는 언어사용에
대한 규약을 탐구함으로써 법규범이 적용될 수 있는 핵심영역을
인식하고 서술한다. 둘째, 법학자는 논리적 추론을 거쳐 법규범으

---

119) 41면 이하.

로부터 도출 가능한 결론을 인식하고 서술하며, 경우에 따라서는
법질서에 속하는 여러 규범들 사이에 논리적 모순이 존재한다는
사실을 밝혀내기도 한다. 이 두 가지 활동은 보통 서로 밀접한
관련을 맺는다. 이 점에서 법학자는 논리적·경험적 방법을 사용
하여 한 사회의 전체 법질서를 최대한 체계적인 연관성 속에서
인식할 수 있도록 만드는 목표를 추구한다.

이제 우리가 위에서 제기한 물음들 가운데 가장 까다로운
물음을 다룰 때가 왔다. 즉, 일정한 개별사례나 사례집단이 법규
범의 한계영역에 속하는 경우에도 그 포섭여부를 결정할 수 있는
합리적 방법이 존재하는가? 해석과 관련하여 상당히 문제가 있는
사안[120]에서 어느 쪽이 올바른 해결방법인지를 확실하게(즉 상호
주관적 구속력을 갖고) 주장할 수 있는가? 법학자는 그러한 해결
방법을 찾아낼 수 있는가?

어떤 법규범의 한계영역에 속하는 사례와 관련하여, 다른 법
규범에 나타나 있는 명백한 의미내용을 지적함으로써 확고부동한
해결책을 찾아낼 수 있는 경우가 자주 있다. 이러한 경우를 흔히
해당하는 법규범에 대한 "체계적 해석"이라고 부른다. 다음과 같
은 보기를 들어 설명해 보자. 위에서 언급했듯이 인간 배아는
"인간"이라는 일상언어상의 개념의 한계영역에 속한다. 즉, 독일
어를 구사하는 사람들 가운데 배아를 인간이라고 하는 사람도
있고 그렇지 않은 사람도 있다. 그렇더라도 배아가 독일 형법 제
211조와 제212조("사람을 살해한 자")에 포섭되는가라는 질문에
대해서는 절대적으로 확실하게 ―즉, 그렇지 않다고― 대답할
수 있다. 독일 형법 제218조 이하에서는 ―"임신중절"이라는 표
제하에― (모체 내에 있는) 배아를 죽이는 경우에 대한 명시적인

---

120) 앞의 보기들을 참고.

규정을 두고 있으며, 이와 관련하여 독일 형법 제211조나 제212
조를 전혀 원용하지 않는다. 만일 배아가 독일 형법 제211조와
제212조에서 말하는 "인간"에 속한다고 보게 되면, 독일 형법 제
218조 이하의 독립된 규정은 전혀 이해할 수 없게 된다.[121]

한계영역과 관련된 포섭의 문제에 대한 이와 같은 해결방법
은 보통 위에서 말한 사례보다 훨씬 더 복잡한 성격을 갖는다.
하지만 체계적 해석을 통한 문제해결은 예외에 속한다. 그렇다면
한계영역에 속하는 사례를 처리하기 위해서는 어떠한 방법이 합
리적인가? 독일의 법학자들이 제시한 "법학방법론"에서는 포섭의
한계영역과 관련하여 위에서 말한 "체계적 해석방법" 이외에도
다른 두 가지 해석방법을 원용하는 것이 오래 전부터 일반화되
어 있다. 하나는 "역사적 해석"이고, 다른 하나는 "목적론적 해
석"이다. 이 두 가지 해석방법은 앞으로 보겠지만 여러 측면에서
상당히 문제가 많다.

먼저 이와 관련하여 늘 근원적인 오류가 범해지고 있다는
사실을 지적해야 한다. 즉, 해석에 대한 **법이론적** 고찰방식과 **법
내재적인** 고찰방식을 명확히 구별하지 않는다는 점이다. 흔히 위
에서 말한 해석방법과 관련하여 법이론적 정당성을 주장하곤 한
다. 하지만 우리가 여기서 다루는 문제는 실제로는 순전히 법내
부적인 문제제기이기 때문에 그러한 해석방법은 결코 법이론적
정당성을 갖는 것이 아니다. 이에 대해서는 좀더 상세한 논의가
필요하다.[122]

우리는 이미 구체적 사례에서의 법발견을 위해서는 무엇보

---

121) 물론 이러한 설명만을 근거로 배아가 독일 기본법이 의미하는 "인
   간"이 아니고, 따라서 독일 기본법 제1조의 "인간존엄"의 보호대상이
   아니라고 결론지을 수는 없다.

122) 아래의 내용에 대해서는 Kelsen I, 제8부도 참고.

다 한 법규범 및 이 법규범에서 사용되는 개념의 언어적 의미를 확인하고, 이를 통해 이 법규범의 핵심영역을 확정하는 것이 가장 중요하다는 사실을 살펴보았다. 이러한 테제는 다음과 같은 사고의 결과이다. 즉, 법률규범은 통상 하나의 행위요청과 동일하며, 이 행위요청의 내용은 하나의 **규범명제**의 형태를 띤다. 이 때 하나의 규범명제를 규범주장자로서 표현하는 사람은 자동적으로 이 규범의 수범자들이 이 명제가 말한 대로, 다시 말해 이 명제의 언어적 의미에 따라 행동해야 한다는 의지를 표현하는 것이 된다. 만일 해당되는 법규범 자체를 ―즉, 규범명제가 말하는 언어적 내용을― 출발점으로 삼지 않는다면, 도대체 어떻게 하나의 규범 및 규범명제를 개별사례에 적용할 수 있겠는가? 규범주장자의 목표는 분명 그가 이 규범을 통해 **의욕**하는 바가 최대한 효율적으로 실현될 수 있도록 규범명제의 **내용**을 정확히 표현하는 것이다. 하지만 규범주장자 자신의 **의사**를 규범명제에 적절히 표현하고 있지도 않고, 또한 수범자들이 규범주장자의 의사를 전혀 알 수도 없는 상황이라면 수범자들에 대해 일차적으로 규범주장자의 의사에 따르라고 기대하는 것은 아무런 의미도 없다.

이렇게 볼 때, 개별사례에서의 법발견이 일차적으로 언어적 의미에 집중하는 것은 법질서 자체가 공직자와 국민에 대해 일반적인 언어를 이용하여 규범을 표현하고 있다는 단순한 사실에 따른 당연한 결론이다. 물론 제정법이 아니라 관습법에 속하는 법규범의 핵심영역을 확정하는 것은 훨씬 문제가 많다. 왜냐하면 관습법적 법규범은 현실적으로 통일된 언어표현으로 확정되어 있는 것이 아니라, 국민이나 공직자들의 일정한 법적 태도로부터 이론적 관찰자가 이를 추론해 내야 하기 때문이다. 하지만 이 특수한 문제점에 대해서는 여기서 더 이상 자세히 다룰 수 없다.

법규범의 올바른 적용을 위해서는 필연적으로 그 언어적 의미가 중요한 반면, 한계영역에 속하는 사례에서 법규범을 해석하는 문제에 대해서는 확실한 기준을 설정하기 어렵다. 물론 해석의 문제는 결코 철학적 또는 법이론적 문제가 아니라, 전적으로 각 법질서에서 유효성을 갖는 해석규범에 따라 대답해야 할 문제이다. 이는 다음과 같은 의미이다. 즉, 모든 법규범은 나름의 특수한 해석 및 방법규범을 내포하고 있고, 이러한 규범이 어떠한 기준이나 어떠한 방법에 따라 한계영역에서의 법발견이 이루어져야 하는지를 확정한다.

법의 해석방법은 각각의 법질서에 맡겨야 된다는 점은 법규범의 해석과 관련해서는 결코 유일한 하나의 방법이 아니라, 다수의 방법이나 기준을 고려하게 된다는 사실[123]에서도 뚜렷하게 드러난다. 예를 들어 하나의 법률규범은 이 법률의 제정자의 의도에 따라 해석할 수도 있고, 다수 국민의 도덕적 태도에 따라 해석할 수도 있으며, 때로는 특정한 종교집단의 요구나 특정한 자연법론의 내용 또는 해석자 본인의 도덕적 태도에 따라 해석할 수도 있다.

그러나 법해석을 위해서는 법을 제정한 사람의 의사(의도, 목표, 목적 따위), 즉 역사적 입법자의 의사를 고려해야 한다는, 법학자들 사이에서 흔히 주장되는 견해는 법이론적으로 결코 자명한 것이 아니다. 이 점은 다음과 같은 고려에 비추어 보면 분명하게 알 수 있다.

1. 법규범이 제정된 이후 수십 년이 지났는데도 이미 공직에 있지 않거나 세상을 떠난 입법자가 왜 중요한 의미를 가져야 하는가? 설령 입법자가 중요한 의미가 있다 할지라도 차라리 현재의 입법자를 중시해야 하지 않을까? 즉, 문제의 법규범이 여전히

---

123) 이는 모든 규범해석에 해당하는 사실이기도 하다.

유효성을 갖고 있긴 하지만, 그 사이 여러 가지 여건이 변화했기 때문에 현재의 입법자가 이 법규범에 대해 갖고 있는 의사나 목표설정을 더 중시해야 하지 않을까? 더욱이 (과거의 기록을 통해) 역사적 입법자의 의사를 확인하는 일은 (예컨대 국회의원들에 대한 문의를 통해) 현재의 입법자의 의사를 확인하는 것보다 훨씬 더 어려운 경우가 많다. 이밖에도 아무리 관련 문헌을 샅샅이 뒤져보아도 문제된 해석과 관련된 어떠한 정보도 얻을 수 없는 때가 자주 있다.

2. 민주주의와 같은 현대의 국가형태에서는 단 한 명의 입법자가 존재하는 것이 아니라, 다수의 개인, 즉 국회의원들이 법률을 제정한다. 그렇기 때문에 이 다수의 개인들이 비록 동일한 법규범을 제정하긴 하지만, 이를 통해 추구하는 목표가 서로 상이한 상황을 결코 배제할 수 없다. 예를 들어 위에서[124] 보기로 삼은 근친상간금지와 관련하여 이 법률을 제정한 다수의 개인들은 서로 다른 목표를 추구했을 것이다. 유전적 결함이 있는 후손이 태어나는 것을 예방하려는 목표를 가진 사람들이 있었는가 하면, 도덕적 금기를 파괴하는 것을 억제하려는 목표를 가진 사람들도 있었을 것이다. 이와 같은 다양한 목표설정은 위에서 언급한 근친상간 사례뿐만 아니라, "동침"은 반드시 남자의 사정을 전제로 하는가라는, 역시 상당한 논란의 대상이 되고 있는 문제에 대해서도 중요한 의미를 가질 수 있다.

법규범의 해석기준을 규정하는 문제는 원칙적으로 각 법질서 스스로 해결해야 할 문제라고 주장하는 나의 테제에 대해서는 다음과 같이 반론을 할 수도 있다. 즉 나의 테제에 따른다면, 해석기준에 대한 규정 역시 법규범이고, 따라서 이 규정의 의미

---

124) 135면 이하.

에 대한 이해와 해석이 이루어져야 한다는 반론이다. 그러나 이 반론은 나의 테제를 반박하지 못한다. 왜냐하면 해석기준에 대한 법규정에 대해서도 그 핵심영역을 위에서 말한 경험적 방법을 통해 확정할 수 있고, 한계영역과 관련해서는 각 해석자의 신중한 숙고에 맡기면 되기 때문이다. 이렇게 함으로써 해석과 방법에 관련된 법규범은 통상의 법규범에 대한 해석문제의 상당 부분이 각 법질서에 합당하게 해결될 수 있게 만든다.

하지만 해석의 문제는 각각의 법질서에 따라 결정할 문제라는 이러한 테제가 법발견 실무에 아무런 도움도 되지 못하는 경우가 많다는 사실을 인정해야 한다. 왜냐하면 실제로 대다수 법질서는 전혀 해석규범을 포함하고 있지 않거나, 설령 해석규범이 포함되어 있더라도 극히 불충분한 경우가 대부분이기 때문이다. 물론 해석규범은 원칙적으로 ─다른 법규범과 마찬가지로─ 관습법적 성격을 가질 수 있다는 사정도 고려해야 한다. 그러나 적어도 독일 연방공화국의 법질서는 내가 아는 한, 특수한 해석규범을 포함하고 있지 않다. 더욱이 법이론이 그러한 해석규범을 마련해 놓고 있다는 완전한 착각 때문에 법 자체 내에 그러한 규범을 포함시킬 필요가 없다는 오해마저 조장되고 있는 것 같다.

하나의 구체적 법질서가 사실상 해석과 관련된 규범을 전혀 포함하고 있지 않다면, 이는 결과적으로 다음과 같은 점을 뜻한다. 즉, 법규범의 한계영역에 속하는 개별사례를 어떠한 기준에 따라 결정할 것인지는 전적으로 법을 해석하는 개인에게 맡겨져 있는 셈이다. 이는 특히 문제된 개별사례에 대해 구속력 있는 결정을 내리도록 권한을 부여받은 공직자가 법을 해석하는 경우에 해당한다. 법을 해석하는 공직자는 통상 다른 사람들의 견해를 조사하기보다는 해당되는 사안에 대해 본인이 중요시하는 관점이나 도덕적 태도를 근거로 삼는다. 예를 들어 어떤 법관이 남매 사이의 근친상간에 대한 처벌을 기본적으로 부정하는 입장을 갖고 있다면, 이 법관은 독일 형법 제173조의 "동침" 개념을 가능한 한 좁게 해석해서, 이 개념의 **핵심영역**에 해당되는 사례에서만 형사처벌을 선고할 것이다.

앞에서[125] 두 번째로 언급했던 해석방법인 이른바 "목적론적 해석"은 독일 법학자들이 상당한 철학적 배경을 갖고 주장하는 방법이다. 그러나 목적론적 해석은 실제로는 해석자의 극히 주관적 해석에 객관적 정당성이라는 외관을 입혀주는 방법에 불과하다. 상당수 법학자들이 "역사적 해석"보다 더 우위에 있다고 인정하는 이 목적론적 해석은 객관적으로 인식 가능한, 법률의 "의의와 목적"에 초점을 맞춘다고 한다. 하지만 자세히 고찰해 보면, 해석문제에 대한 결정을 내릴 때 자주 원용되곤 하는 법률의 "의의와 목적"은 실제로는 전혀 충분한 근거도 없이 내려진 결정을 그럴듯하게 포장하기 위한 이데올로기적 껍데기에 불과하다. 그렇기 때문에 "목적론적" 해석은 "역사적" 해석과는 달리 설령 해당하는 법질서에 규정되어 있더라도 법내재적 해석으로서 제대로 기능할 수 없다.

법률 또는 법규범의 "의의와 목적"이 왜 전혀 내용이 없는 껍데기에 불과한가? 일단 법규범의 "의의"에 대한 분석부터 시작해 보자. 이 단어는 현실적으로 두 가지 의미일 수 있다. 즉, 규범명제의 "의의"를 뜻할 수도 있고, 규범이 존재하는 "의의"를 뜻할 수도 있다.

규범명제의 "의의"라는 말은 사실상 이 규범명제의 의미라는 말과 아무런 차이가 없다. 따라서 규범명제의 의의를 확인하는 것은 앞에서[126] 말한 언어의미에 대한 이해와 모든 측면에서 동

---

125) 135면.
126) 134면 이하.

일하다. 따라서 규범명제의 의의를 확인한다는 목적론적 해석은 법규범의 특수한 해석과 관련하여 기여하는 바가 전혀 없다.

그러나 법규범이 존재하는 "의의"라고 할 때에는 사정이 다르다. 이 경우에는 다음과 같은 상황을 의미한다. 즉, 이 법규범의 제정자나 주장자 또는 이 법규범에 직면한 모든 사람은 이 규범이 어떤 목표를 갖고 있고, 추구하는 목적이 있다는 사실을 도외시할 수 없다는 점에서 분명 "의의"가 있다. 물론 법규범의 목적은 수범자가 이 규범을 준수하는 목적과 동일한 경우도 있고, 규범준수를 통해 간접적으로 실현되는 목적일 수도 있다. 이렇게 보면 법규범의 존재"의의"는 사실상 법규범의 "목적"과 같은 뜻이다. 그렇다면 법규범의 "목적"이란 무엇인가?

이 물음에 대한 대답은 이렇다. **법규범의 목적**, 즉 인간의 목적설정과 무관한, 법규범 자체의 목적이란 존재할 수 없다. 왜냐하면 모든 목적은 **개념 필연적으로** 이 목적을 갖고 있는 특정한 개인과 결합되기 때문이다. 이 점에서 모든 목적은 주관적이다. 물론 그렇다고 해서 상당수의 목적이 대다수의 개인 또는 모든 개인에 의해 상호주관적으로 공유될 수 있다는 사실까지 부인하는 것은 아니다.

이렇게 보면 우리는 어쩔 수 없이 결국 우리가 원래 있었던 그 자리로 되돌아가서 다시 똑같은 물음을 제기할 수밖에 없다. 즉 실제로 서로 상이한 목적들이 경합하는 경우에, 어떤 개인이나 집단의 목적(의도, 목표, 의미부여 등)이 법규범의 해석에 대해 결정적인 의미를 갖는가? 또한 각 법질서의 현행법으로부터 이 물음에 대한 구속력 있는 대답을 찾아낼 수 없다면, 도대체 어디에서 그러한 대답을 구해야 하는가?

상당수 법학자들과 법실무가들은 법률의 "의의와 목적"에 따르는 "목적론적 해석"을 통해 마치 법해석과 관련하여 법이론적·철학적 근거를 가진 방법을 찾아냈으며, 이러한 방법은 1. 모든 구체적 질서에 해당하는 절대적 지위를 갖고 있고, 2. 이를 올바르게 적용하면 모든 개별사례에서 객관적으로 정당한 결론에 도달할 수 있다는 듯한 주장을 펼친다. 그러나 이러한 주장은 완전한 사기극에 불과하다. 독일 법률가들의 해석실무에서 상당히 지배적인 지위를 점하고 있는 이 "목적론적" 방법은 실제로는 전혀 객관적이지 않은 해석, 즉 사실상 사회 내에서 영향력을 행사하고 있는 경향에 편승하여 형성된 개인적 목표설정에 지향된 해석이 마치 객관적인 것인 양 위장하기 위한 허위의 정당화수단에 불과하다.

특히 독일의 법학이 독일의 법질서에 대한 해석활동을 통해 제시한 내용은 우리가 참된 의미에서 "학문"이라고 부를 수 있는 내용과는 거리가 멀다. 이 점은 "법학"이 이른바 "지배설(herrschende Meinung)", 즉 각 법영역의 전문학자들 다수의 견해 또는 주도적 학자의 견해를 원용하는 것이 아주 일상화되어 있다는 사실만 보더라도 알 수 있다. 물론 한 학자가 특정한 해석문제와 관련하여 명시적으로 "지배설"을 따르지 않는 경우도 있다. 하지만 그러한 경우라 할지라도 결국 현재의 지배설에서 벗어난 그러한 견해가 미래의 지배설을 약간 앞서 주장한 것에 불과할 때가 대부분이다.

법학이 진정 그 이름에 걸맞은 학문이 되기 위해서는, 관련된 법질서가 어떠한 기준에 따라 해석을 해야 하는가에 대한 방법규범을 포함하고 있는 한에서만 법규범의 해석문제를 다루어야 한다. 물론 개별사례에서의 법발견, 즉 구체적인 개별사례를 일반적 법규범에 포섭시키는 것은 그 개별사례가 법규범의 한계영역에 속하는 이상, 해석이 없이는 이루어질 수 없다. 그렇긴 하지만 일상의 법실무(특히 법원의 재판실무)로서는 결코 피할 수 없는 결정활동이라는 요소를 (절대적 해석방법이라는 미명하에) 사전에 무마시켜 버리거나 허위의 정당화방법을 마련하여 법실무의 부담을 경감시키는 일은 학문의 과제가 아니다. 학자는 자신의 가치판단을 유보해야 하고, 오로지 사실에 대한 객관적 서술에 그쳐야 한다.

13 | 요 약

　이 책에서 주장하는 관점에 따른다면 법질서란 상당히 복잡하긴 하지만, 그럼에도 인간이 만들어 낸 실재하는 사회적 사실이다. 물론 이러한 사실이 단순히 한 국민의 외부적인 행태로서만 실재한다고 생각해서는 안 된다. 규범은 결코 바깥으로 드러난 행태에만 국한되는 현상이 아니다. 다른 한편 법질서는 규범으로 구성된다. 규범이 실재하는 법질서에 속하는 한, 규범은 필연적으로 경험적인 토대를 갖는다. 따라서 규범의 실재는 경험적이고 논리적인 수단만으로도 인식하고 서술할 수 있다. 이러한 목적을 위해서는 특정한 사람들(즉 입법부의 구성원들)의 특정한 행위요청과 그 논리적 결론 및 그러한 행위요청이 국민에게 미치는 영향뿐만 아니라, 다른 사람들(국가의 공직자들)의 내적 태도도 함께 고려해야 한다. 이러한 내적 태도 역시 원칙적으로 —즉 내적 태도가 외부로 드러나는 형태를 탐문해 봄으로써— 경험적 인식이 가능하다.

　이러한 전제에서 볼 때, 하나의 법질서와 그 규범은 가치평가로부터 완전히 벗어나 인식하고 서술할 수 있다. 무엇인가에 대해 최종적인 평가를 내리거나 이를 변경시키고 싶다면, 일단 그것이 실제로 어떠한 것인지를 냉철하게 살펴보아야 한다. 어떤 실재하는 법질서가 흑인이나 여성에게 정치적 선거권을 부여하지 않는 차별을 하고 있다고 가정해 보자. 이 규범질서를 "법질서"

가 아니라고 한다거나 해당하는 선거규범을 "법규범"이 아니라고
한다고 해서, 그 법질서나 법규범이 사실상 존재한다는 점에서는
아무런 변화도 생기지 않는다. 물론 이 경우 그와 같은 규범들을
"부정당"하고 "부정의"한 규범으로 낙인찍음으로써 자신의 도덕
적 흥분을 표현할 수 있다. 하지만 그러한 규범들을 실재하는
"법질서"의 "법규범"으로 부르기를 거부한다고 해서 무슨 소용이
있겠는가? 서술과 평가는 완전히 다른 활동이며, 명확성을 확보
하려고 한다면 결코 한 솥에 담아서는 안 된다.

　법을 평가하거나 법에 대해 일정한 규범적 요구를 제기할
때, 그 근거를 제시하기 위해서는 윤리적 전제를 원용하게 된다.
이 책에서 내가 주장하는 바에 따르면, 그와 같은 윤리적 전제는
궁극적으로 개인적 이익의 실현 또는 개인적 이익들 사이의 타
협을 실현하기 위한 것이다. 따라서 인간과 사회에 앞서 미리 주
어져 있는 초실정적 자연법규범에 대한 믿음은 환상일 따름이며,
그러한 믿음은 현실에서 전혀 계몽되지 않은 법제도의 이데올로
기로 작용하는 경우도 자주 있다.

　법규범을 개별사례에 적용하는 문제와 관련하여 언제나 객
관적으로 정당한 해결방법이 존재하며, 법학의 도움을 빌어 그러
한 해결방법을 확인할 수 있다는 생각 역시 환상에 불과하다.

14 | 부록: 한스 켈젠의 「순수법학」에 대한 비판

여기 부록에서는 전 세계에 걸쳐 상당한 영향력을 발휘하고 있는 한스 켈젠의 「순수법학」이 법의 규범적 성격을 어떻게 파악하고 있는지를 그 본질적 내용의 측면에서 서술하고, 이에 대한 비판을 시도해 보고자 한다. 법의 규범적 성격에 관한 순수법학의 고찰방식은 같은 제목을 달고 있는 켈젠의 책 전체를 아우르는 핵심내용에 해당하기 때문에, 여기서 이 책을 인용할 때에는 아주 중요한 부분에만 한정하도록 한다. 켈젠에 대한 나의 비판은 이 책의 제2장에서 제6장까지 설명한 주제들에 관한 내 나름의 입장을 토대로 삼는다.

켈젠은 의도적으로 자신의 전체 법이론에 대해 "순수"라는 수식어를 추가함으로써 다른 법이론과 명확한 구별을 꾀한다. 켈젠이 표방하고자 했던 바는 무엇이었을까? 켈젠은 법에 관한 학문의 "순수성"에 대한 요구를 통해 "법과 상관이 없는 다른 모든 요소로부터 해방"되기를 원했다.[127] 켈젠이 보기에 법과 상관이 없는 요소들에는 형이상학적, 종교적, 이데올로기적, 정치적 및 도덕적 성격을 갖는 가치평가적이고 세계관적인 요소들뿐만 아니라, 사회학적 및 심리학적 성격을 갖는 서술적이고 경험적인 요소도 포함된다. 켈젠은 법학을 법학 이외의 모든 요소로부터 독

---

[127] Kelsen I, S. 1.

립된 순수한 규범적 학문으로 이해하고자 한다.

하지만 켈젠의 이러한 순수성 요청을 잘못 이해해서는 안 된다. 켈젠은 앞에서 말한 법학 이외의 요소들이 많든 적든 한 사회의 법에 상당히 깊숙이 개입한다는 사실 자체를 부정하지는 않는다. 켈젠이 이러한 요소들로부터 해방시키고자 하는 것은 법에 관한 학문이다. 즉, 그는 법학이 여하한 형태의 가치평가적 요소로부터도 독립되고 또한 모든 경험과학적 고찰방식으로부터도 확연히 구별되는 독자적인 분과로 확립되기를 원했다.

여하한 가치평가적·세계관적 요소로부터도 해방되어야 한다는 측면에서 켈젠의 "순수성요청"은 분명 타당하다고 생각한다. 이 순수성요청은 켈젠 혼자서만 제기하는 요청이 아니라, "법실증주의"의 지지자로서 당연히 제기하게 되는 요청이라는 점은 이미 제8장에서 설명한 바 있다.

이에 반해 법학이 경험적 요소로부터도 해방되어야 하며, 이로써 아주 독특한 형태의 탈경험적 분과가 되어야 한다는 켈젠의 요구는 별로 설득력이 없다. 이 요구에 대해서는 상세한 비판이 필요하다.

우선 진정한 의미의 법학은 모두 법질서와 규범을 서술하면서 경험적 사실에 기초하지 않을 수 없다는 점은 너무나도 당연하다. 즉 법학은 한 법질서 내에서 권한을 부여받은 공직자들이 어떠한 일반적 명령에 근거하여 구체적인 규범을 제정하는지를 분명히 인식하고 있어야 한다. 예를 들어 한 국가의 형법을 서술하고자 하는 형법학자가 이 국가의 입법부가 제정한 형법전에 대한 서술을 토대로 삼지 않는다는 것은 상상도 할 수 없는 일이다. 물론 그와 같은 경험적 사실에 대한 지식을 갖추는 작업이 반드시 사회학적 연구와 같은 전문적 식견을 필요로 하지는 않는다.

다른 관점에서 보더라도 모든 법학자는 그들의 활동과 관련하여 결코 포기할 수 없는 경험적 전제에 의존해야 한다. 즉 법학자는 자신이 서술하고자 하는 규범질서 또는 그 구성부분이 물리적 강제를 행사하고, 이 물리적 강제가 앞에서[128] 서술한 의미에서 어느 정도 사회적 **실효성**을 갖는다는 전제에서 출발해야 한다. 그 이유는 이렇다. 이미 설명한 바와 같이, 하나의 **규범질서**가 사회적 실효성이 없다면 **법질서**가 충족해야 할 특수한 형태의 실재가 될 수 없다. 만일 그렇지 않다면 그러한 규범질서는 단순히 종이 위에 쓰여 있는 규범질서나 한 사회 내에서 관철시키기 위해 투쟁 중인 규범질서와 전혀 구별할 수 없을 것이다. 이와 같은 경험적 사실을 확인하기 위해서는 평균적인 사고를 하는 사람의 상식으로도 충분하다. 물론 ― 예컨대 내전이 발생한 상황과 같이 ― 학문적인 탐구만으로는 특정한 규범질서가 그 사회에서 "대체로 실효성이 있는지"를 확실하게 서술할 수 없는 경우도 있다.

「순수법학」을 지지하든 아니면 이를 비판하든, 법에 관한 학문이 위에서 말한 경험적 사실을 고려하지 않고서는 학문으로서 존재할 수 없다는 점에 대해서는 결과적으로 누구나 동의를 한다. 이에 반해 "법실증주의" 내에서 이루어지는 논쟁은 심지어 법학이 그와 같은 경험적 성격의 전제만을 탐구하는 것에 **국한될** 수 있는가 하는 물음을 대상으로 한다. 실제로 비경험적 요소를 법학에 끌어들이는 것을 비판하는 법실증주의자들은 그러한 주장을 한다. 그렇다고 해서 이들이 법학은 반드시 앞에서 언급한 경험적 전제들에 국한되어야 한다고 주장하는 것은 아니다. 다른한편 비경험적 요소를 중시하는 법실증주의자들은 법의 본질을

---

128) 25면.

오로지 경험적으로만 이해하게 되면 아주 결정적 측면에서 법의 근원적 의미를 제대로 파악하지 못하게 된다는, 켈젠이 늘 강조해서 주장하던 입장을 지지한다. 그렇다면 켈젠이 이해하는 법의 본질은 무엇이며, 켈젠은 이를 어떻게 근거짓는가?[129]

켈젠은 다음과 같은 점을 확인하는 데에서 출발한다. 즉, 하나의 구체적 법질서에 속하는 법은 편견을 갖지 않는 관찰자나 법학자라면 누구나 알 수 있듯이, 결코 단순한 경험적 사실 — 존재(Sein) — 이 아니라, 규범 — 당위(Sollen) — 을 본질로 한다는 것이다. 실제로도 법은 — 이미 우리가 본 바와 같이[130] — 예컨대 절도가 행해지고 있다거나 얼마만큼 자주 행해진다는 사실이 아니라, 절도를 해서는 안 된다는 당위에 관한 언명이다.

물론 켈젠이 이러한 점을 확인한다고 해서 절도를 해서는 안 된다는 요구를 법학자 스스로 주장하려는 것은 아니다. 왜냐하면 법학자가 해당하는 규범을 제정한 사람은 아니기 때문이다. 더욱이 켈젠의 이해에 따르면[131] 법학자는 인간의 행위에 대한 여하한 가치평가도 삼가야 한다. 법학자는 특정한 사회의 법을 인식하고, 이를 서술할 뿐이라는 것이다.

그렇다고 할지라도 서술의 대상은 경험적 사실이 아니라, 규범이다. 즉, 법학자는 특정한 법질서에서 **당위로 규정되어** 있는 것이 무엇인지를 서술한다. 만일 이와 같은 당위가 순수한 경험적 개념으로 서술될 수만 있다면, 당위는 실제로 단순한 존재일 뿐이다. 그렇다면 당위는 적어도 단순한 존재로부터 추론하거나 도출할 수 있을 것이다. 그러나 존재와 당위는 근본적으로 다르다. 당위는 결코 단순한 존재로부터 도출될 수 없으며, 순수한

---

129) 이하의 내용에 대해서는 Kelsen I, 제1부 제4장 참고.
130) 4면 이하.
131) 앞의 151면 참고.

서술적 전제로부터 규범적 결론을 도출하는 것은 절대적으로 불가능하다. 켈젠의 고찰방식은 대체로 이와 같은 순서를 밟는다.

하지만 켈젠이 말하는 당위 또는 규범, 특히 법규범의 본질은 무엇인가? 하나의 법규범이 실재해서 법학자들이 이를 서술할 수 있다고 말할 수 있기 위해서는 어떠한 조건이 충족되어야 하는가?

켈젠의 입장에서 규범의 존재는 언제나 그 **유효성** 또는 **효력**에 근거한다.[132] 하나의 규범은 그것이 다른 상위의 규범에 합치하여 제정될 때에만 유효성 또는 효력을 갖는다. 이는 하나의 법규범이 유효성 또는 효력을 갖고 실재하기 위해서는, 이 규범이 그보다 더 상위에 있는 규범으로부터 권한을 부여받은 누군가(보통은 공직자)에 의해 제정된 것이어야 한다. 따라서 규범제정이라는 경험적 사실 이외에 다른 규범을 통해 규범제정자에게 **권한이 부여되어** 있어야 한다는 요소가 추가된다.

이미 우리가 앞에서 본 바와 같이, 켈젠의 이러한 고찰방식은 법질서에 속하는 통상의 규범과 관련하여 전적으로 타당하다. 왜냐하면 예컨대 새로운 형법규범에 대해, 1. 특정한 사람들이 이 규범을 실제로 제정했고, 2. 이 사람들이 입법부의 구성원으로서 국가헌법을 통해 이 규범을 제정할 권한을 부여받았다면, 이를 유효하다고 여기기 때문이다. 그렇다면 켈젠의 입장에서 국가헌법을 구성하고 있는 법규범들의 유효성, 효력 또는 그 실재는 어디에 근거하는가?

켈젠이 자신의 전 저작에 걸쳐 ─ 명시적이든 묵시적이든 ─ 일관되게 주장하는 규범이론을 있는 그대로 받아들인다면, 법규범이 법규범으로서 존재하기 위해서는 반드시 상위의 다른 유효

---

132) 켈젠은 이 두 개념을 구별하지 않는다.

한 규범에 연원한 것이어야 한다. 켈젠은 법규범뿐만 아니라, 모든 규범에 대해서도 다음과 같이 주장한다. "한 규범의 효력근거는 오로지 다른 규범의 효력이어야 한다." 여기서 다른 규범이란 어떤 "상위의 규범"을 말한다.[133] 다시 말해 한 규범이 유효성 또는 효력을 갖고 존재하기 위해서는 반드시 다른 규범의 효력 또는 유효성에 부합하여 제정되어야 한다.

그러나 이미 살펴본 대로[134] 사실상 이는 불가능하다. 그 이유는 다음과 같다. 첫째, 헌법제정자로 하여금 **헌법**을 제정할 권한을 부여하는 상위의 규범은 존재하지 않는다. 헌법 자체가 그 개념정의상 한 법질서 내의 **최상위** 규범이기 때문이다. 즉, 헌법은 다른 규범에서 그 효력근거를 찾을 수 없다. 둘째, 만일 최상위 규범으로서의 헌법이 켈젠이 말하는 식으로 유효성 또는 효력을 가져야 한다면, 우리는 어쩔 수 없이 규범의 끝없는 순환관계에 빠지게 된다. 켈젠의 주장을 그대로 따른다면, 이 끝없는 순환관계를 상정하지 않고서는 헌법뿐만 아니라, 헌법으로부터 도출되는 단 하나의 하위법규범도 효력을 갖는다고 말할 수 없게 된다. 따라서 규범 및 법규범의 효력근거에 대한 켈젠의 주장은 넌센스다.

더욱이 켈젠의 이 주장은 그가 자신의 이론에서 법규범의 효력을 근거짓기 위해 **사실상으로** 시도한 내용에 완전히 모순된다. 켈젠이 법규범의 효력을 근거짓기 위해 제시한 이론은 이른바 **근본규범**(Grundnorm) 이론이다. 이 독창적이고, 끝없는 논의의 대상이 된 근본규범 이론은 대략 다음과 같이 이해할 수 있다. 켈젠은 일단 헌법의 하위에 있는 전체 법규범은 유효한 상위의 법규범에 합치하여 제정된 때에만 유효성을 갖는다는 입장에서

---

133) Kelsen I, S. 196 및 S. 203.
134) 20면 이하.

출발한다. 최상위 규범인 헌법 역시 켈젠에 따르면 유효성을 갖는다. 그렇지 않다면 하위의 법규범들 역시 유효할 수 없기 때문이다. 그러나 켈젠의 이론에 의하면 **헌법의 유효성**은 ─ 규범의 효력근거 또는 유효성근거에 대한 자신의 주장과는 정반대로 ─ 결코 다른 유효한 규범에 근거하지 않는다고 한다. 헌법의 유효성은 오히려 법학자가 만들어 낸 가상의 전제에 기초하며, 헌법에 유효성을 부여하는 이 가상의 전제를 켈젠은 "근본규범"이라고 부른다.

　따라서 법학자가 현실 속에서 근본규범을 발견(Findung)하는 것이 아니라, 사유를 통해 이를 창안(Erfindung)해 낸 것이며, 이점에서 법학자는 헌법의 효력을 단순히 **가정한다**는 뜻이 된다. 그렇다면 근본규범은 결코 규범이 아니다! 켈젠은 헌법이 효력이 있는 또는 유효한 규범이라는 자신의 테제를 견지하기 위한 목적에서 근본규범을 마치 규범인 것처럼 **취급할 뿐이다.** 하지만 근본규범을 규범처럼 취급하는 것은 오로지 이 근본규범이 하위의 규범을 향할 때에만 기능을 한다. 이에 반해 근본규범이 이보다 더 상위의 규범을 향하는 것은 불가능하기 때문에, 이 경우 근본규범은 더 이상 규범이 아니다. 켈젠에 따르면 근본규범의 "효력은 더 이상 물음의 대상이 아니기" 때문이다.[135] 만일 이처럼 이론구성을 하지 않게 되면 앞에서 말한 끝없는 순환관계에 빠지게 된다. 즉 근본규범보다 더 상위에 있는 또 다른 근본규범을 상정하고, 다시 이 근본규범의 근본규범을 상정해야 하는 식이 되고 만다. 켈젠이 근본규범을 상정하는 이유는 헌법(및 전체 법질서)에 대해 효력을 부여하고, 법의 효력근거에 대한 계속되는 물음을 어느 지점에선가 단절하기 위한 것이다.

---

135) Kelsen I, S. 205.

이렇게 볼 때, 켈젠의 이론에서 모든 법규범의 ― 심지어 모든 규범의 ― 최종적인 효력근거는 결코 사실상의 규범이 아니라, 근본규범이라는 가상의 전제일 뿐이다. 적어도 하위 법규범들의 효력은 근본규범이라는 전제에 직접적으로 근거하지 않는다는 사실은 이러한 결론을 내리는 데 아무런 장애가 되지 않는다.

헌법이 유효성을 갖도록 하기 위해 법학자가 제기한 가상적 전제인 근본규범에 대한 켈젠의 이론은 이 정도로만 설명하자. 나로서는 다음과 같은 물음이 더 중요하다고 본다. 즉, 이 근본규범이 과연 실재하는 법질서의 규범들을 서술하고 이를 재구성하기 위해 법학자가 선택할 수 있는 유일하고도 최선의 방법인가? 나는 이 책에서 내가 전개한 나름의 입장에 비추어 결코 그렇지만은 않다는 사실 및 그 이유를 아래에서 상세히 설명하도록 하겠다.

법학자는 실제로 특정한 법질서에 비추어 무엇이 당위로 규정되어 있는지를 서술한다. 법질서가 국민 또는 공직자에 대해 제기하는 규범적 요구 또는 법질서를 통해 국민 또는 공직자가 이행해야 할 의무를 서술한다. 예컨대 독일 민법상의 임대계약에 대해 설명을 할 때에는 민법전 제535조의 표현을 빌려 임차인은 "임대인에게 약정한 임차료를 지불할 의무가 있다"고 서술하게 된다. 이러한 서술은 명백히 규범표명적 문장이 아니라 규범서술적 문장이다. 다시 말해 이 문장을 쓰는 법학자는 본인이 직접 제기한 행위요청이라는 의미에서 표현을 한 것이 아니라, 단지 해당하는 법질서에 포함되어 있는 행위요청을 서술할 뿐이다. 법학자는 이 규범 ― 더 정확히는 규범내용[136] ― 을 주장하는 것이 아니라, 단순히 그와 같은 규범이 존재한다는 사실을 규범서술적

[136] 앞의 35면 이하 참고.

명제를 통해 표현할 뿐이다.

하지만 실재하는 법규범을 규범서술적 명제를 통해 설명한다는 것은 정확히 무슨 뜻인가? 누군가가 실재하는 법규범을 서술적으로 설명할 경우, 그 배후에 자리잡고 있는 사정은 무엇인가? 국가의 법규범은 반드시 이를 제정한 사람이 있기 마련이다. 따라서 모든 국가 법규범의 배후에는 특정한 방식으로 행동하라거나 특정한 행위요청을 제정하라는, 인간의 인간에 대한 요청 또는 수권이 자리잡고 있다.

이러한 측면에서 다시 다음과 같은 물음을 제기해 볼 수 있다. "임차인은 약정한 임대료를 지불해야 한다"와 같은 법규범은 특정한 사람(즉 국회의원)이 이와 같은 내용을 가진 법률을 제정했다거나 그러한 의사를 표명했다고 말함으로써 얼마든지 적절하게 서술할 수 있지 않은가? 당연히 이러한 언명은 경험적인 사실언명이다. 이 경우 법학자는 결코 "당위"나 켈젠이 말하는 특수한 의미의 규범을 필요로 하지 않는다. 법규범에 대한 서술을 위해 법학자는 단순히 규범내용의 배후에 자리잡고 있고, 경험적인 규범과 동일한 내용의 의사표현만을 필요로 한다. 따라서 "근본규범"과 같이 규범 또는 법규범이 효력을 갖기 위한 특별한 전제는 필요가 없다.

켈젠으로서는 분명 이와 같은 고찰방식에 대해 여러 가지 중대한 반론을 제기할 것이다. 일단 켈젠은 법학자가 자신이 서술하는 법규범의 제정을 담당한 국회의원의 존재를 확인하기 위해서는 다른 상위의 법규범, 즉 헌법규범을 함께 고려하지 않을 수 없다는 사실을 지적할 것이다. 물론 법질서의 단계구조에 대한 위의 설명에 비추어 볼 때, 이러한 지적은 옳다. 하지만 이러한 지적은 문제를 한 단계 미루어 놓은 것에 불과하다. 왜냐하면 법학자는 얼마든지 국회의원이 아닌 다른 사람의 의사표현이나 명령을 원용하여 헌법규범을 서술할 수 있기 때문이다.

이렇게 볼 때, 법학자가 "임차인은 임대료를 지불할 의무가 있다"라고 서술하는 법규범은 다음과 같이 이해하면 된다. 즉, 특정한 사람들이 수권을 통해 국민은 임대차와 관련하여 특정한 사람들이 명령한 대로 행위를 하도록 명령했다고 서술하면 된다. 이 단순한 보기만을 보더라도 법학자가 이와 같은 방식으로 법규범을 서술할 경우, 하나 또는 여러 단계를 거쳐 매개되는 하위의 구체적 법규범들을 서술하는 작업은 분명 상당히 **복잡한** 형태를 띠게 된다.

바로 그러한 복잡성 때문에 법학자들은 — 법질서의 여러 단계에 걸쳐 있는 각각의 의사표현이 아니라 — 단지 규범(규범내용)만을 언어로 서술하는 습관이 있다. 그렇다면 법학자들이 서술한 규범명제는 사실로 존재하는 (규범제정자의) 의사표현과는 관계없이 독자적으로 실재하는 것이 아니다. 결국 법학자들이 서술하는 규범명제는 일정한 목적을 가진 일종의 "전문용어"일 따름이다. 이러한 전문용어를 통해 — 헌법을 서술하는 동료 학자의 인식을 전제하면서 — 민법학자는 자신의 일상적인 작업을 손쉽게 처리하게 된다.

켈젠의 근본규범이론은 법률가들이 언뜻 보기에는 어느 정도 설득력이 있다. 이러한 설득력은 무엇보다 법규범들이 실제로 결코 각각 따로 떨어져서 존재하는 것이 아니라, 항상 (상하의 위계질서에 따라 구성된) 규범질서의 한 부분이라는 사실에 힘입은 것이다. 하지만 과연 모든 종류의 규범이 규범질서의 한 부분일까? 켈젠은 법질서에만 시야를 고정시키고 있기 때문에 이러한 전제를 당연한 것으로 받아들인다.[137] 그의 견해에 따르면 **모든**

---

137) 앞의 155면 이하 및 Kelsen II, S. 21, S. 205, S. 355 참고.

규범은 그 존재와 유효성을 그보다 상위에 존재하는 규범 및 궁극적으로는 근본규범이라는 전제에 기초한다고 한다. 하지만 아래에서 우리가 보게 되듯이 켈젠의 이 견해는 명백히 틀린 견해이다. 다음과 같은 보기를 들어보자.

김만수 씨는 2005년 7월 1일 오후 3시에 자기 집 정원에서 책을 읽고 있는 중이다. 옆집 정원에서 놀고 있는 아이들이 너무나도 시끄럽게 떠들어서 제대로 책을 읽을 수 없게 되자, 김만수 씨는 아이들에게 "너희들, 조용히 좀 해!"라고 소리를 질렀다. 김만수 씨의 요구가 먹혀들어가 아이들은 조용해졌다.

김만수 씨의 이 행위요구 또는 규범은 어떠한 규범질서에 속하는가? 특히 이 규범의 유효성을 근거짓는 상위단계의 수권규범은 무엇인가? 아마도 "아이들은 이웃 어른의 요구에 따라야 한다"는 상위규범을 생각해 볼 수 있을지 모른다. 하지만 그와 같은 내용의 규범은 실재하지 않는다. 즉, 김만수 씨가 아이들에게 내린 명령규범에는 어떠한 실재하는 근본규범도 연결시킬 수 없다.

또한 하나의 규범질서에 속하지 않은 채 완전히 독립적으로 존재하는 규범도 분명히 있다. 이는 특히 현대의 세속화된 사회에서 주장되는 도덕규범들이 그렇다. 예컨대 A가 "거짓말을 해서는 안 된다"고 요구한다거나, B가 "채식만을 해야 된다"고 호소하는 경우, 이들 규범 — 그 실효성 여부와는 상관없이 — 역시 실재하는 규범이다. 왜냐하면 이 규범들도 명백히 사람에 의해 주장되고 있기 때문이다. 즉, 해당되는 행위는 A 또는 B라는 사람의 희망에 속하며, 이들은 그러한 행위요구를 통해 자신들의 희망을 표현하고 있다. 그렇지만 이 경우에 규범주장자로 하여금 그와 같은 방식으로 행위요구를 하도록 권한을 부여하고 있는 상위의 규범은 존재하지 않는다. 그렇기 때문에 이러한 독립된 규범에 대해서는 당연히 "유효하다"라는 수식어를 붙일 수 없다.

그러나 하나의 규범질서에 속하지 않는 별개의 규범이 존재한다는 사실만으로는 켈젠의 근본규범 이론을 반박할 수 없다. 켈젠은 이 이론을 약간 변용하여 "규범이 효력을 갖기 위해서는 가상의 근본규범을 전제해야 한다"라고 주장할 수 있기 때문이다. 이렇게 되면 법규범과 같이 하나의 규범질서 속에 자리하는 규범은 상위의 규범을 통한 매개작용을 거쳐 근본규범에서 그 효력을 얻는다는 점에 대해 반론을 제기할 수 없게 된다. 또한 규범질서에 속하지 않은 별개의 규범이 존재한다면, 이 규범의 효력은 **직접** 근본규범으로부터 도출된다고 보면 된다. 즉, 이 경우에는 효력을 갖기 위해 필요한 상위단계의 전제는 곧바로 근본규범이라는 가상의 전제가 된다.

이는 결과적으로 우리가 앞에서 든 보기에서 학문적 관찰자는 김만수 씨의 규범이 실재하고 유효하다는 서술을 하기 위해 하나의 근본규범을 가상적으로 전제하고, 이 근본규범을 관찰자가 인식한 김만수 씨의 행위요구에 직접 연결시키면 된다는 뜻이다. 이 경우 가상의 근본규범은 예컨대 다음과 같은 내용일 수 있다. "아이들은 김만수 씨가 2005년 7월 1일 오후 3시에 제기한 행위요구에 복종해야 한다." 이렇게 할 때에만 김만수 씨의 행위요구는 **유효성**을 갖게 되며, 따라서 하나의 **존재하는** 규범이 된다는 것이 켈젠의 결론이다.

내 생각으로는 이처럼 복잡하게 규범의 존재를 파악하는 방식은 대다수 관찰자에게 쉽게 납득이 가지 않을 것이다. 하지만 규범의 진정한 본질을 이해하기 위해서는 이와 같은 고찰방식이 불가피하다는 켈젠의 논거를 계속 살펴보기로 하자. 켈젠의 이 논거는 또한 존재하는 법규범에 관한 언명이 일정한 사람의 의사표현이나 명령에 관한 극히 복잡한 경험적 언명으로 재구성될 수 있다는 나의 테제에 대한 결정적 반론이 되기도 한다.

켈젠의 논거는 다음과 같다. 즉, 모든 종류의 규범은 어떠한 종류의 것이든 그 자체 아주 특별한 방식으로 이해되는 당위와 동일하다는 것이다. 여기서 결정적 의미를 갖는 관점을 켈젠은 다음과 같이 쓰고 있다. "규범은 타인의 행태에 지향된 의도적인 활동이 갖는 특수한 의미로서 의지활동 그 자체 ― 이 의지활동의 의미가 곧 규범이다 ― 와는 완전히 구별된다. 왜냐하면 규범은 당위인 반면, 의지활동은 존재이기 때문이다. 그렇기 때문에 그와 같은 의지활동을 통해 존재하는 사실은 누군가가 다른 사람이 특정한 방식으로 행동해야 한다는 것을 의욕한다는 언명으로 서술할 수 있다. 이 언명에서 한 사람의 의욕, 즉 의지활동과 관련된 부분은 존재와 관련되고, 특정한 방식으로 행위해야 한다는 부분은 당위, 즉 어떤 의지활동의 의미인 규범과 관련된다. 따라서 한 개인이 마땅히 무엇인가를 해야 한다(sollen)는 언명은 곧 다른 개인이 그것을 의욕한다는 언명과 같은 뜻이라고 하는 주장은 잘못된 주장이다. 다시 말해 당위에 대한 언명을 결과적으로 존재에 대한 언명으로 치환하는 그와 같은 주장은 명백한 오류이다."[138] 이와 동일한 맥락에서 켈젠은 다른 곳에서 다음과 같이 축약된 형태로 쓰고 있다. "무엇인가를 명령하는 사람은 …… 무엇인가 발생해야 한다는 것을 의욕한다. 당위, 즉 규범은 …… 다른 사람이 …… 특정한 방식으로 행위해야 한다는 의욕의 의미이다."[139]

　한 규범의 존재에 대한 언명은 의사표현, 지지 또는 행위요구의 존재에 대한 경험적 언명과 결코 동일할 수 없다는 켈젠의 이 논거가 적어도 충분한 근거가 있다면 **모든** 종류의 규범에 대해서도 해당될 것이다. 그렇지만 과연 이 논거 자체가 충분한 근

---

138) Kelsen I, S. 5.
139) Kelsen II, S. 2.

거가 있는가? 우선 규범이 사실상 무엇인지에 대한 켈젠의 관점을 가능한 한 정확히 이해하도록 노력해 보자.

켈젠은 분명 다음과 같은 점을 말하려고 하는 것 같다. 즉 하나의 규범은 경험적 의욕이나 의지활동(내가 쓰는 용어로는 행위요구)이 아니라는 점이다. 규범은 당위와 동일한 것이기 때문에, 단순히 그러한 의지활동의 의미로 이해해야 한다는 것이다. 왜냐하면 타인의 행위에 지향된 의지활동은 언제나 그 타인이 이 의지활동에 상응하여 행동해야 된다는 의미를 갖고 있기 때문이다. 여기서 의지활동의 "의미"를 켈젠은 의지활동이 뜻하는 바, 즉 의욕하는 사람이 자신의 의지활동에 따른 행위요구를 통해 수범자에게 전달하려고 뜻하는 내용으로 이해하고 있다. 행위요구를 통해 수범자에게 전달하는 내용은, 규범주장자는 수범자가 이러이러하게 **행동한다**는 사실을 의욕하는 것이 아니라, 이러이러하게 행동해야만 한다는 당위를 의욕하고 있다는 점이다. 따라서 규범주장자는 "규범을 떠올리는 생각이 곧 이 규범에 따르는 행위의 동기가 되도록" 함으로써 수범자가 규범합치적 행위를 하도록 하는 목표를 추구한다.[140]

나는 규범의 본질에 대한 켈젠의 이러한 고찰방식이 현실에 부합하기보다는 나쁜 의미의 신비주의로 흐른다고 생각한다. 우리가 앞에서 든 보기를 다시 고찰해 보자. 김만수 씨의 규범을 켈젠은 일관되게 다음과 같이 해석할 것이다. 즉, 김만수 씨는 아이들에게 그들이 조용히 해야 한다는 자신의 의욕을 표현함으로써 아이들이 조용히 한다는 목표를 추구한다. 김만수 씨가 정립한 규범은 자신의 의욕을 가상의 근본규범에 연결시킨다는 점에서 그에게는 효력을 갖는 규범이다. 김만수 씨는 아이들도 자

---

140) Kelsen II, S. 45.

신과 마찬가지로 김만수 씨의 의욕을 가상의 근본규범에 연결시켜서, 아이들 역시 이 효력이 있는 규범에서 출발하여 규범합치적 행위를 할 동기를 형성할 것을 희망한다. 과연 아이들이 실제로 이 효력이 있는 규범을 출발점으로 삼는지 여부에 대한 심사는 과연 아이들도 "우리는 조용히 해야 한다"는 명제에 대해 동의함으로써 아이들 쪽에서 김만수 씨의 의욕의 의미에 대해 효력을 부여할 용의가 있는지에 달려 있다. 그리고 실제로 아이들이 그러한 용의가 있다는 것은 곧 아이들이 "우리는 김만수 씨가 2005년 7월 1일 오후 3시에 우리를 향해 제기한 행위요구에 복종해야 한다"는 가상의 근본규범을 정립한다는 것을 뜻한다.[141]

과연 중립적인 관찰자가 이 상황을 켈젠처럼 서술할 것인가? 전혀 그렇지 않다. 김만수 씨가 실제로 원하는 것은 아이들이 조용히 하는 것이다. 다시 말해 아이들이 자신의 요구에 따라 행동한다는 사실을 의욕할 뿐이다.[142] 이러한 상황에서 켈젠처럼 "김만수 씨는 아이들이 자신의 요구에 따라 행동해야만 한다는 당위를 의욕하며, 이러한 의욕의 의미가 아이들에 의해 효력이 있는 규범의 당위로 여겨지기를 의욕한다"라고 말하는 것이 도대체 무슨 의미가 있는가?

이 당위, 즉 아이들이 이 당위에 대한 생각을 떠올림으로써 김만수 씨가 희망하는 대로 행위하도록 동기를 형성한다고 하는 당위는 도대체 어디에 근거하는가? 아이들이 실제로 겪게 되는 것은 김만수 씨의 의욕과 그의 행위요구 이외에 또 무엇이 있다는 말인가? 그리고 아이들로 하여금 실제로 김만수 씨의 행위요구를 준수하도록 만드는 사실상의 동기는 무엇인가? 그 동기는

---

141) 앞의 162면 참고.
142) 앞의 36면 이하 참고.

여러 가지일 수 있다. 아이들은 혹시 김만수 씨가 자기들을 때릴지도 모른다고 생각할 수도 있고, 조용히 하면 김만수 씨가 자기들에게 과자를 줄 것이라고 생각할 수도 있고, 아무 이유 없이 다른 사람의 신경을 거슬리게 해서는 안 된다는 도덕규범을 인정해서 그럴 수도 있다. 어쨌든 그 동기가 아이들이 가상의 근본규범을 통해 김만수 씨의 행위요구를 켈젠이 말하는 당위로 여기며, 따라서 이 행위요구를 효력을 가진 규범으로 여긴다는 사실에 근거한다고 말하는 것은 전혀 납득할 수 없다.

이 모든 점에 비추어 볼 때, 김만수 씨가 제기한 규범의 당위에 대해 아이들로서는 김만수 씨의 의지에 따라 조용히 해야 한다는 것, 즉 김만수 씨는 아이들이 조용히 하는 것을 의욕한다는 것 말고 다른 무슨 의미를 부여할 수 있다는 말인가? 어떤 식으로든 김만수 씨의 의욕과는 별개로 존재하는 당위가 있다는 것은 도대체 무슨 의미인가?

김만수 씨는 아이들이 조용히 해야 한다는 당위를 의욕한다는 켈젠의 해석은 김만수 씨의 요구에도 불구하고 아이들이 계속 큰 소리로 떠들어서 이번에는 아이들의 부모에게 이들이 아이들로 하여금 조용히 하라고 이르도록 요구할 때에만 어떤 의미가 있을 수 있다. 이 경우에는 실제로 김만수 씨가 아이들이 조용히 한다는 목적을 우회적으로 달성하기 위해 아이들이 (부모의 의지에 따라) 조용히 해야 한다는 것을 의욕한다고 말할 수 있다.

이렇게 볼 때, 하나의 의욕과 결부된 독립된 의미의 당위를 도대체 어떻게 이해해야 하는지 알 수가 없다. 물론 "당위(……해야 한다)"라는 단어가 하나의 규범을 표현(규범표명적 명제)할 때이든, 하나의 규범을 서술(규범서술적 명제)할 때이든, 어느 경우에나 사용될 수 있다는 점은 너무나도 분명하다.[143] 그렇지만 "너희들은 조용히 해야 한다"고 규범을 표명하는 김만수 씨가 됐든, "김만수 씨의 요구에 따르면 아이들은 조용히 해야 한다"는 규범을 서술하는 관찰자가 됐든, 어느 누구도 가상의 근본규범을 상정하여 이 규범의 특수한 "유효성" 또는 "효력"을 전제해야 할 필요는 없다. 우리 언어에서 "당위"라는 단어가 갖는 기능을 현실에 맞게 분석해 보면, 규범의 이 독특한 "유효성"[144]이 인간에 의해 만들어진 규범을 적절하게 이해하고 서술하기 위해 반드시 전제되어야 할 필요는 없다.

내가 주장하는 견해에 따르더라도 이는 결코 존재로부터 당위를 도출하는 오류를 범하는 것이 아니다. 물론 위에서 말한 규범표명적 명제가 규범서술적 명제로부터 도출될 수는 없다. 규범서술적 명제를 제기하는 관찰자가 그 규범 자체를 스스로 주장할 필요는 없으며, 김만수 씨가 이웃집 아이들에게 조용히 하라고 요구하는 것을 뻔뻔스러운 짓으로 여길 수도 있다. 따라서 규범서술적 명제는 경험적으로 타당한 언명일 뿐이다.

설령 사실상 하나의 **규범질서**에 속하는 규범, 즉 실재하는 수권규범에 근거하여 유효성을 갖게 되는 규범을 대상으로 할지라도 켈젠의 입장에 대한 나의 반론은 그 의미가 전혀 축소되지 않는다. 다음과 같은 보기를 들어 보자. 어떤 테러리스트가 내전이 발생한 지역에서 몇 주째 여러 명의 인질을 잡아두고 있는데, 인질들에게 "이제부터 너희들은 내 부하 U의 모든 명령에 무조건 복종해야 한다"고 통보했다고 하자. 이 상황에서 U가 인질들에게 밤 10시에는 취침해야 한다고 요구했다면, 이 요구는 **실효성**을 가진 **규범질서**에 속하는 **유효한 규범**이다. 또는 한 종교집단의 신도들이 자발적으로 자신들 교주의 권위를 인정하고 그의

---

143) 앞의 37면 이하 참고.
144) 로베르트 발터(Robert Walter)는 켈젠이 의미하는 유효성을 "당위의 제국 속에 있는 특수한 존재"라고 적절히 표현하고 있다(Walter I, S. 11).

명령에 복종한다고 하자. 이러한 경우에도 위에서 든 김만수 씨의 보기와 마찬가지로 각각의 규범적 상황을 적절히 이해하기 위해 근본규범과 같은 전제를 필요로 하지는 않는다.

켈젠의 "근본규범"과 이를 통해 경험적으로 존재하는 규범에 부여되는 특수한 의미의 "유효성" 또는 신비롭기만 한 "당위의 제국" 속에 있는 "효력"은 실체가 없는 괴물일 뿐이다. 나는 앞에서[145] "유효성"과 "효력"이라는 이 두 가지 개념이 현실에 부합하는 규범이론에서 아주 중요한 ─물론 서로 다른─ 기능을 맡고 있다는 점을 법규범과 관련하여 보여주고자 했다.

켈젠의 근본규범이론이 갖고 있는 신비적 성격은 특히 켈젠이 자신의 저작에서, 실재하는 규범 및 법규범의 "유효성" 또는 "효력"을 명백히 객관주의적 의미로 이해하고자 시도하는 부분을 보면 더욱 분명하게 드러난다. 예를 들어 켈젠은 "실정법질서, 즉 대체로 실효성을 가진 하나의 강제질서에서 인간의 의지활동을 통해 제정된 규범의 객관적 효력을 근거짓는 것"이 근본규범의 기능이라고 한다. 그러면서 켈젠은 다음과 같이 쓰고 있다. "이렇게 하여 근본규범은 법적인 의지활동의 주관적 의미를 정당화한다."[146] 이러한 켈젠의 견해를 발터는 다음과 같이 해석한다. 즉 켈젠은 "법질서를 학문적으로 다루기 위해서는 실효성 있는 강제질서가 규정하고 있는 바가 곧 당위라는 전제를 앞세우지 않을 수 없다는 사실을 보여준다. 이 전제를 바로 근본규범이라고 부른다. …… 또한 이 전제는 실효성 있는 강제질서를 서술하고 해석할 때, 이 강제질서가 마치 규범적이고, 구속력 있는 질서인 것처럼 생각할 수 있게 만든다."[147]

---

145) 54면 이하.
146) Kelsen I, S. 205.
147) Walter II, S. 93.

이렇게 보면 근본규범은 결국 전체 법질서에 대해 객관적 구속력 또는 정당성이라는 특수한 의미에서 효력을 부여하는 기능을 한다. 이는 켈젠으로서는 다음과 같은 점을 의미한다. 즉, 인간에 의한 주장이나 제정과는 독립하여 존재하는, 다시 말해 인간에게 이미 주어져 있는 초실정적 의미로 존재하거나 효력을 갖는 규범이란 있을 수 없으며, 따라서 사실상 객관적 구속력을 갖는 자연법도 있을 수 없다. 하지만 법학자가 자신의 과제를 제대로 수행하기 위해서는, 그가 서술하는 실정법질서에 대해 사실상은 존재하지 않는 객관적 구속력이 마치 존재하는 것처럼 전제하지 않을 수 없다는 것이다. 이렇게 이해한다면 켈젠의 근본규범은 이론적 가정(Postulat)이라고 부르는 것이 가장 정확한 표현이다.

실정법질서에 대해 이론적으로 가정해야 한다는 이 "객관적 구속력"을 켈젠은 정확히 무슨 의미로 이해하고 있는가? 켈젠은 아마도 단순히 이 규범을 제정하거나 인정하는 사람들의 주관적 관점에서 문제의 법규범이 구속력을 가진다는 뜻이 아니라, 모든 사람들이 당연히 받아들여야 한다고 요구하는 관점에서 이 규범이 구속력을 갖는다는 뜻으로 이해하고 있는 것 같다.[148] 그러나 규범의 "객관적 구속력"을 그와 같이 이해하게 되면 몇 가지 도저히 받아들일 수 없는 결론에 도달하고 만다.

그러한 결론들 가운데 하나는 각각 서로 다른 규범질서에 속하는 두 개의 서로 모순되는 규범들은 동시에 효력을 갖는다고 볼 수 없다는 점이다. 왜냐하면 서로 모순되는 두 규범이 동시에 객관적 구속력을 가질 수는 없기 때문이다. 그렇기 때문에 켈젠은 자신의 관점에 입각하여 서로 모순관계에 있는 두 개의

---

148) 단순히 주관적으로만 존재하는 구속력일지라도 얼마든지 객관적으로 서술할 수 있다는 사실에 주의해야 한다.

규범은 결코 "동시에 모두 유효하다고 볼 수 없다"고 말한다.[149] 이러한 켈젠의 지적은 물론 옳다. 예컨대 독일에 살고 있는 가톨릭 신도에게 특정한 조건하에서 낙태를 허용하고 있는 독일법상의 규정과 동일한 사람에게 낙태를 금지하는 가톨릭교회의 도덕규범이 동시에 유효성을 갖는다고 볼 수는 없다.

이러한 상황에서 두 개의 모순되는 규범 가운데 어느 규범이 효력과 객관적 구속력을 갖는지를 결정하는 것은 관찰을 하는 학자의 몫이다. 물론 학자는 근본규범을 통해 두 개의 규범질서(즉, 독일법과 가톨릭 교회법) 가운데 어느 한 규범질서 전체를 선택함으로써 그러한 결정을 내릴 수도 있다. 하지만 이렇게 되면 어떠한 기준에 따라 두 개의 규범질서 가운데 어느 하나를 선택해야 하는가에 대해서는 아무런 대답도 주지 못하는 이상한 결론에 도달하게 된다. 더욱이 관찰자는 두 규범질서에서 도출된 각각의 규범들 사이에 모순이 존재한다는 사실을 확인한 이후에 비로소 두 규범질서 가운데 어느 하나를 선택하는 결정을 내려야 한다는 점에도 주의해야 한다.

비록 법질서는 일반적으로 그 지배영역 내에서 이루어지는 행위에 대해서만 법준수를 요구하는 것이 일반적이지만, 서로 다른 법질서들 사이에도 그러한 모순이 존재한다고 확인하게 되는 경우도 있다. 예컨대 네덜란드에서는 낙태가 허용되어 있음에도 불구하고, 독일인이 네덜란드에서 낙태를 했을 경우에도 이를 처벌하는 근거가 되는 독일 형법 제5조 제9호[150]를 생각해 볼 수

---

149) Kelsen I, S. 358, 비슷한 의미의 S. 77, S. 209 f. 및 S. 329 f. 참고; 자신의 기존의 입장에서 벗어나 있는 Kelsen II, S. 178도 참고.
150) "낙태죄의 경우 행위자가 행위시에 독일인이고 생활의 토대가 본 형법전의 장소적 효력범위에 속한 때에는, 외국에서 행한 행위에 대해서도 행위지의 법과 관계없이 독일형법을 적용한다."(옮긴이)

있다. 이는 결과적으로 다음과 같은 결론에 도달하게 만든다. 즉, 만일 비교법을 전공으로 하는 법학자가 독일과 네덜란드 두 나라의 법질서에 대해 서술하면서 낙태와 같은 이례적인 사태에 봉착하게 되면, 켈젠에 따를 경우 이 비교법학자는 두 법질서 가운데 어느 하나만을 효력을 갖는 법질서로 선택해야 하며, 선택에서 배제된 법질서에 대해 지금껏 서술해 놓은 내용은 쓰레기통에 던져야 한다는 결론이다.

객관적 구속력이라는 이론적 가정이 없다면 이러한 이상한 결론은 얼마든지 피할 수 있다. 즉, 객관적 구속력이라는 요청을 제기하지 않는다면 관찰자는 간단히 다음과 같이 말할 수 있다. "독일의 한 가톨릭 신자가 행한 낙태는 가톨릭 도덕에 의하면 금지되지만, 독일법에 의하면 금지되지 않는다. 또한 독일인이 네덜란드에서 행한 낙태는 네덜란드 법에 따르면 금지되지 않지만, 독일법에 따르면 금지되어 있다." 다시 말해 서로 모순되는 규범일지라도 얼마든지 ― 각각의 법질서 내에서 유효한 규범으로서 ― 병존할 수 있다.

켈젠에 따르면 근본규범을 통해 모든 유효한 법질서에 대해 요청되어야 한다는 이 "객관적 구속력"은 다른 관점에서도 극도의 혼란을 불러일으킨다. 즉, 객관적 구속력이라는 논거는 얼핏 보면 자신이 속한 사회의 법질서에 대해 근본규범을 요청하는 법학자 자신도 이 법질서와 여기에 속하는 규범들의 구속력까지 무조건적으로 신봉하고 있는 듯한 인상을 갖게 만든다. 이는 결국 관찰자인 법학자가 법규범의 수범자인 모든 국민은(자기 자신까지 포함하여) 이 법규범을 준수할 객관적 의무가 있다는 것으로 본다는 뜻이다. 하지만 법학자로 하여금 각각의 실효성 있는 강제질서를 그 내용을 전혀 고려하지 않고 철저히 가치중립적으로 서술하도록 요구하는 켈젠과 같은 법실증주의자가 그와 같은 입장을 인정할 수 있을까? 만일 그와 같은 입장에 선다면 법학자는 여하한 법규범에 대해서도 도덕적인 **정당성**을 부여할 수 있다는 결론에 도달하는 것은 아닐까?

켈젠의 근본규범이론에 대해서는 이미 과거에도 유사한 반론이 자주 제기되었다. 발터는 다음과 같은 명쾌한 문장으로 이러한 반론을 잠재운다. "순수법학은 이 이론이 결과적으로 실효성을 가진 여하한 사회적 권력에 대해서도 복종을 요구한다는 부당한 비판을 받아 왔다. 그러나 실제로 순수법학은 하나의 규범체계에 복종해야 하는가라는 물음에 대해 의도적으로 아무런 대답도 하지 않는다. 왜냐하면 이 물음은 결코 학문적 이론으로 대답할 수 없으며, 오로지 인간의 양심적 결정에 맡겨야 하기 때문이다."151) 발터의 이러한 주장이 법복종의 문제에 대한 켈젠 본인의 명시적인 이해에 완전히 부합한다는 사실에 대해서는 의문이 있을 수 없다. 왜냐하면 켈젠은 근본규범이라는 이론적 가정을 이용하는 법학에 관해 다음과 같이 쓰고 있기 때문이다. "순수법학은 헌법제정자의 명령에 복종해야 된다고 규정하지 않는다."152) 여하튼 켈젠은 자신의 이론을 그렇게 이해한다.

그렇다고 해서 근본규범이론이 혼란을 야기할 수 있다는 비판까지 불식되지는 않는다. 왜냐하면 만일 켈젠이 법복종에 관하여 진정으로 위에서 인용한 입장을 취했다면, 실정법의 "객관적 구속력"이라는 요청을 도대체 어떻게 이해해야 하는가를 묻지 않을 수 없기 때문이다. 만일 내가 법학자로서 (나를 포함한) 수범자들이 법규범을 준수할 것인지 또는 이를 위반할 것인지는 **전적으로** 수범자의 **자유**라고 말하면서도, 이와 함께 나는 동일한 법규범에 대해 "객관적 구속력"을 요청한다고 말한다면 이는 도대

---

151) Walter II, S. 94.
152) Kelsen I, S. 208.

체 무슨 의미인가? 예컨대 나치에 의해 체포된 어느 유대인 법학
자가 "제3제국"의 법질서는 여러 가지 측면에서 전혀 준수할 가
치가 없다고 말하면서, 그럼에도 이 법질서는 "객관적 구속력"을
갖는다고 말했다면 이를 어떤 의미로 이해해야 하는가?

　나로서는 이러한 켈젠의 입장은 어떤 자연법론자가 특정한
규범에 대해 이 규범은 초실정적 효력과 객관적 구속력을 갖는
것으로 인식했다고 주장하면서 동시에 "하지만 이 규범에 복종해
야 하는지는 각자가 결정할 문제다"라고 말하는 것만큼이나 수수
께끼가 아닐 수 없다. 켈젠에 따르면 법학자가 객관적 구속력을
통해 모든 실정법이 전제해야 한다는 이론적 가정은 자연법론자
가 특정한 내용적 규범에 대해 그것이 인간에 앞서 미리 주어져
있다고 주장하는 것과 다를 바가 없다.

　근본규범이라는 이론적 가정에 대한 이러한 해석은 켈젠이
법실증주의적 중립성테제에 관한 자신의 주장을 자연법이 결코
존재하지 않는다는 주관주의테제의 정당성과 밀접하게 관련시키
고 있다는 사실[153)]에도 부합한다. 켈젠은 자연법론이 필연적으로
"실정법 자체에 대해서는 어떠한 효력도 인정하지 않는다"고 쓰
고 있다.[154)] 또한 자연법론은 자연법이라는 "정의규범"에 비추어
"이에 모순되는 실정법규범은 …… 전혀 효력이 없다고 여긴다"
고 한다.[155)]

　다시 말해 법실증주의자 켈젠은 근본규범을 가정함으로써
각각의 실정법에 대해 만일 자연법이 존재한다면 자연법에 귀속
시키게 되는 것과 동일한 객관적 지위를 부여하고 있다. 이 점에

---

153) 켈젠과는 반대로 두 테제 사이에는 아무런 관련이 없다는, 81면 이
　　하에서 펼친 나의 논증을 참고.

154) Kelsen I, S. 441.

155) Kelsen I, S. 358 f; S. 225.

서 켈젠의 이론에서는 국가법이 (과학적으로 더 이상 주장될 수 없는) 자연법을 대체한다.

그러나 켈젠과 그의 지지자들은 위에서 밝힌 바와 같이, — 비록 근본규범이라는 가정이 자연법과 매우 유사한 결론에 도달할 수 있는 여지가 많긴 하지만 — 법복종의 문제에 대해서는 자연법론과 정반대되는 단호한 입장을 설득력 있게 펼치고 있다. 문제는 법복종에 대한 켈젠과 그 지지자들의 입장을 보고 있노라면, 이들이 말하는 "객관적 구속력"에 대한 근본규범의 가정을 더더욱 이해할 수가 없다. 이 객관적 구속력은 법규범에 대한 "주관적" 구속력, 즉 이 규범을 제정했거나 또는 수범자로서 이를 자발적으로 인정하는 사람들의 관점에 따른 구속력과는 뚜렷이 구별된다. 나는 이렇게 결론을 내리고 싶다. 즉, 객관적 효력 및 객관적 구속력이라는 특이한 요청을 수반하는 켈젠의 근본규범은 쓸모없는 이론일 뿐만 아니라, 심지어 전혀 이해할 수 없는 이론이다.

법을 서술하는 학자는 구속력이라는 특수한 규범적 요소를 전제해야 한다는 기이한 생각을 켈젠이 계속 고수한 이유는 역설적이게도 정작 켈젠 자신은 경험적인 현실 속에 존재하는 법에 그와 같은 요소가 담겨 있다는 사실을 간과했기 때문인 것 같다. 이 점은 근본규범이라는 전제를 포기할 수도 있지만, 만일 그렇게 되면 "고찰의 대상이 되는 인간 상호간의 관계가 법학적이 아니라, 오로지 사회학적으로 해석될 수 있을 뿐이다"라는 켈젠 자신의 주장에서도 분명히 드러난다. 즉, 근본규범이라는 가정을 포기할 경우에는 인간 상호간의 관계를 법학적, 규범적 해석 대신에 "명령하는 인간과 복종하는 인간 또는 명령하는 인간과 복종하지 않는 인간 사이의 관계라는 권력관계"로 해석하는 것만이 가능하다고 한다.156)

이 인용문에서 명확해지듯이 켈젠에게 법질서는 그 **경험적** 측면에 비추어 볼 때, 상하의 위계질서에 따른 권력구조의 범위 내에서 특정한 사람들에 의해 제정되고, 그 사회에서 전반적으로 실효성을 갖는 지시와 명령으로 구성되어 있다. 이러한 고찰방식은 적어도 제정법과 관련해서는 결코 틀렸다고 볼 수는 없지만,[157] 아주 본질적인 측면에서 불충분하다. 내가 앞에서 상세히 서술했듯이,[158] 법질서는 한 가지 조건이 충족되지 않고서는 **실효성을 가질 수 없다.** 즉, 최소한 다수의 **공직자들이** 이 법질서의 헌법(및 헌법에 합치하여 제정된 규범)을 **자발적으로 인정해야 한다.** 더 나아가 일반 국민의 다수가 그 법질서의 헌법을 자발적으로 인정해야만 법질서 전체가 실효성을 갖게 되는 경우도 자주 있다.

이와 같이 공직자 또는 일반 국민이 법질서를 인정하게 되면 그러한 법질서에는 이미 구속력이라는 아주 특정한 **심리학적 요소가** 함께 포함되기 마련이다. 왜냐하면 한 규범의 수범자로서 그 규범을 자발적으로 인정하는 사람은 자동적으로 이 규범을 자신에게 **구속력을 가진** 행위척도로 취급하게 되기 때문이다. 다시 말해 규범위반에 대해 부과될 수 있는 제재의 위협과는 상관없이 그 규범을 준수할 보편적인 성향을 갖게 된다. 여기서 수범자로 하여금 규범을 인정하게 만드는 궁극적인 근거가 무엇인지에 대해서는 자세히 언급하지 않겠다.[159] 어쨌든 다음과 같은 결정적인 측면에 주목해야 한다. 즉, 경험적 실재로서의 법질서는 켈젠이 생각하듯이 단순히 명령하는 자와 복종하는 자(또는 복종

---

156) Kelsen I, S. 224.
157) 다른 형태의 법에 대해서는 앞의 78면 이하 참고.
158) 25면 이하.
159) 이에 관해서는 앞의 70면 이하 참고.

하지 않는 자) 사이의 권력관계만으로는 성립할 수 없다는 사실이
다. 심지어 독재체제하에서도 헌법을 자발적으로 인정하는 공직
자와 같은 인간도 역시 있기 마련이다.

이런 측면에서 볼 때 모든 법질서에는 사실상 ― 잘 조직된
"강도집단"의 경우에도 그렇듯이 ― 규범효력, 즉 심리적 구속력
이라는 특수한 요소가 존재한다. 이러한 요소는 은행강도와 은행
직원 또는 인질범과 인질 사이와 같이 인간 사이의 단순한 "권력
관계"에서는 존재하지 않는다. 따라서 우리가 앞에서 든 보기160)
에서 김만수 씨가 아이들에게 직접 조용히 하라고 요구하는 것
과 아이들이 권위로 인정하는 엄마가 이를 요구하는 것 사이에
는 당연히 차이가 있다. 그렇지만 어떠한 경우이든 모두 실재하
는 규범이라는 점에서는 차이가 없다. 물론 강도의 규범이나 김
만수 씨의 규범은 효력을 가진 **규범질서** 속에서 **유효성을** 갖는
규범은 아니다.

실제로 국민의 다수가 그 헌법을 인정하지 않는 독재국가에
서는 유효한 규범의 제정자와 통상의 수범자 사이의 관계는 켈
젠이 적절히 지적하고 있듯이 "명령하는 사람과 복종하는 사람
사이의 단순한 권력관계"에 불과하다. 그렇다고 해서 한 법학자
가 근본규범이라는 가정을 통해 이러한 권력관계에 대해 켈젠이
의미하는 "규범적 해석"을 시도할 수 없다는 뜻은 아니다. 다만
앞에서 든 보기에서 근본규범의 이론적 가정을 통해 테러리스트
의 강압적 명령을 규범으로 해석하는 것이 인질들에게는 결코
마음에 들지 않는 것과 마찬가지로 법학자의 그러한 이론적 작
업은 억압받는 국민들로서는 결코 좋게 여겨질 수 없을 것이다.

켈젠에 따르면 법질서 그 자체는 어떠한 내용도 포함할 수

---

160) 161면.

있기 때문에, 독재체제의 법질서 역시 당연히 특수한 "규범적 해석"을 거쳐야만 이를 적절하게 이해할 수 있다. 또한 켈젠이 자신의 입장의 일관성을 견지한다면, 인질범의 규범질서나 사이비 종교 교주의 규범질서와 같은 법 이외의 규범질서에 대해서도 적절한 근본규범을 고안한 규범학자에 의해 규범적 해석이 이루어질 수 있다는 점도 인정해야만 할 것이다.

법질서에서와 마찬가지로 다른 모든 규범질서에서도 규범주장자 및 규범을 제정하는 규범창조자는 규범을 인정하는 수범자들의 태도가 최대한 확산되는 것에 대해 아주 높은 관심을 가질 것이다. 왜냐하면 이미 말한 대로 규범인정은 규범준수의 가능성을 높이고, 이를 통해 규범주장자는 제재로 인해 소요되는 여러 가지 비용을 절감할 수 있기 때문이다. 따라서 규범의 구속력에 대한 승인이라는 요소는 규범주장자에게도 아주 중요한 의미가 있다. 이밖에도 하나의 법질서에서는 **모든** 사람을 수범자로 하는 규범을 주장하는 사람 자신이 그 규범을 인정하는 경우가 자주 있다. 예를 들어 형법의 일반적 규범을 생각해 보면 이 점은 금방 이해할 수 있다.

어쨌든 다음과 같은 사실만은 확실하다. 첫째, 적어도 한 법질서의 다수 공직자들은 이 법질서의 헌법을 구속력이 있다고 본다. 둘째, 한 법규범의 제정자는 가능한 한 다수의 수범자가 이 법규범을 인정하는 것에 상당한 관심이 있다. 이 두 가지 현상은 한 법질서 내에서 구속력이라는 요소와 관련하여 결정적인 의미가 있다. 따라서 법학자는 이러한 **심리학적** 요소를 ―실효성이라는 **사회학적** 요소와 마찬가지로― 원칙적으로 경험적 방법을 통해 실제적으로 파악하고 서술할 수 있다. 이러한 목적과 관련하여 신비한 "당위의 제국" 속에 자리잡고 있는 (각각의 실정법의) **객관적 구속력**이라는 이론적 전제는 하등 필요가 없다.

이러한 맥락에서 법질서에 대한 켈젠의 이해가 갖고 있는 다음과 같은 측면 역시 비판을 받아야 한다. 즉, 켈젠은 법질서에 대한 최상위의 실정적 효력근거인 헌법과 관련하여 이 최상위의 실정적 효력근거가 언제나 "역사적으로 맨 첫 번째 헌법"이라고 한다.[161] 다시 말해 현재의 헌법이 과거의 헌법에 합치하여 **변경된** 헌법이라면 현재의 변경된 헌법이 아니라, 그 이전의 헌법이 해당되는 법질서에 대한 최상위의 실정법적 규범이라는 것이다.

이러한 켈젠의 고찰방식은 내가 앞에서[162] 법질서의 효력근거로서의 헌법에 대해 주장한 입장과 합치하지 않는다. 왜냐하면 과거의 헌법은 이에 대한 개정이 이루어졌다면 더 이상 법공동체 내에서 인정을 받고 있지 않기 때문이다. 오히려 **현재의 헌법**만이 공직자와 일반 국민이 지향하는 대상이다. 더욱이 현재의 사람들은 수 세대 전에 존재했던 헌법을 전혀 알지 못하는 경우가 대부분이다. **현재의 헌법**이 과거의 헌법에 대한 합법적 방식의 개정을 통해 성립했는지 아니면 비합법적 방식을 통해 성립했는지라는 역사적 물음에 대해 대다수 사람들은 관심을 가지지 않는다.

현재의 법질서의 범위 내에서도 현재의 헌법이 효력을 갖기 시작한 시점 이전에 이미 제정된 규범이나 법률이 여전히 유효성을 가질 수 있다는 사실은 최상위 법규범의 성격에 관해 앞에서 설명한 견해에 대한 반론이 되지 못한다. 왜냐하면 효력이 있는 헌법을 가진 법질서는 이 헌법이 효력을 갖기 이전에 제정된 규범을 명시적으로 폐기하지 않는 한, 이러한 규범들이 계속 유효성을 갖는다는 관습법적 성격의 **불문규범**을 포함하는 것이 원

---

161) Kelsen I, S. 203.
162) 23면.

칙이기 때문이다. 이는 현재의 헌법이 과거의 헌법에 합치하여 개정된 것이 아니라, 혁명의 소산인 경우에도 마찬가지이다.

효력을 갖고 있는 헌법에 대한 켈젠의 고찰방식은 그가 특히 법질서의 실질적 존재를 가능하게 만드는 사람들의 심리적 상황을 적절히 고려하고 있지 못하다는 점을 보여준다. 물론 한 법질서 내에서 **파생된** 하위규범들은 설령 그 제정행위가 오래 전에 이루어져서 이를 제정한 사람들이 이미 세상을 떠났다 할지라도 여전히 법규범으로서 존재한다는 점은 옳다. 이 점에서는 이와 같은 법규범이 순전히 경험적인 측면에서 본다면 그 존재를 상실했다고 생각할 수도 있다. 그러나 이와 같은 법규범과 관련하여 더 이상 그 제정자의 의사를 찾아볼 수 없다는 것이 곧 이 규범의 배후에는 경험적이고 현재적인 의사가 더 이상 자리잡고 있지 않다는 뜻은 아니다. 이 규범들이 계속 유효한 법규범으로 존재하는 것은 오히려 현재 실효성을 갖고 있는 법질서의 헌법을 주장하고 인정하는 사람들의 현재의 의사에 힘입은 것이다. 왜냐하면 이러한 규범들은 해당하는 헌법규범의 논리적 산물이며, 이 점에서 헌법규범에 대한 주장 또는 인정에 함께 포함되어 있기 때문이다.163)

결론적으로 하나의 **규범질서** 내에서 파생된 규범들은 설령 이 규범들을 직접 제정한 사람들의 경험적인 행위요구가 더 이상 존재하지 않더라도 계속해서 존재할 수 있다는 사실에 동의해야 한다. 이밖에도 최상위 규범을 인정하는 사람이 이로부터 도출된 규범을 명시적으로 주장하지 않는 경우도 있을 수 있다. 예를 들어 이들이 그러한 파생된 규범을 전혀 알지 못하거나 또는 의식적으로 묵살하기 때문에 그러한 경우가 발생할 수 있다.

---

163) 자세히는 앞의 40면 이하 참고.

이러한 모든 사정에 비추어 보더라도 우리가 켈젠이 생각한 것처럼[164] "객관적" 당위를 법에 대한 우리의 서술에 포함시켜야 할 이유는 어디에도 없다. 법규범이 현재 존재하고 있다고 전제하기 위해 필요한 것은 이 규범이 최소한 대다수 공직자들이 현재 인정하고 있고, 이 점에서 현재 존재하고 있는 헌법과의 관계 속에서 유효성을 갖고 있다는 사실이다. 왜냐하면 헌법으로부터 논리적으로 도출되는 유효한 규범은 이 규범들이 현재 인정되고 있는 헌법규범에 묵시적인 결과로 포함되어 있는 한, 현재 실재하고 있는 규범이다.

존재하는 모든 규범은 궁극적으로 인간의 행위와 관련하여 어느 누군가의 의지적 태도가 동시에 존재하고 있다는 사실에 근거한다. 켈젠의 고찰방식을 배경으로 하면 하나의 법질서에 속하는 규범들이 현재 존재하는 경험적 요소가 전혀 없음에도 불구하고 어떻게 유효성을 갖고 또한 동시에 "대체로 실효성을 갖는다"고 입증될 수 있는지는 수수께끼로 여겨질 것이다. 경험적으로 보면 여하한 규범이나 그에 따른 논리적 결론은 그 실효성 ─ 이 역시 경험적 성격의 문제이다 ─ 을 늘 새롭게 확보해야 한다.[165] 켈젠이 법질서의 존재 및 엄청난 강제력을 기초로 하는 법질서의 실효성을 궁극적으로는 관찰자의 이론적 가정에 의존하게 만들고, 이러한 이론적 가정의 연결점을 대부분의 경우 어느 누구도 더 이상 주장하지 않고, 더욱이 이를 제대로 알고 있는 사람도 거의 없는 규범 ─ "역사적으로 첫 번째 헌법" ─ 에서 찾으려고 하는 것은 아주 난삽하기 짝이 없는 이론이다.

켈젠의 법이론이 여러 가지 구체적인 문제와 관련하여 ─ 특히 현대 법질서의 구조를 형성하는 개별적인 요소와 관련하여 ─

---

164) Kelsen I, S, 7.
165) 앞의 49면 이하의 설명을 참고.

지대한 공헌을 한 내용에 대해서는 이 책에서 다룰 수 없었다. 이러한 세세한 부분은 법의 본질에 대한 철학적 근본문제와 관련해서는 부차적인 의미를 가질 뿐이다. 이에 반해 법철학과 규범철학의 영역과 관련된 켈젠의 핵심테제, 즉 그의 특이한 "순수성요청", "근본규범"이론 및 "객관적 규범효력"에 대한 이론에 대해서는 결코 동의할 수 없다.

▌인용문헌목록 ▌

Alexy, Robert: *Begriff und Geltung des Rechts*, Freiburg/München 1992.

Hart, H. L. A. (Hart I): *The Concept of Law*, Second Edition, Oxford 1994.

Hart, H. L. A. (Hart II): *Recht und Moral*. Drei Aufsätze, hrsg. von Norbert Hoerster, Göttingen 1971.

Hitler, Adolf: *Mein Kampf*, 661.-665.Aufl., München 1942.

Höffe, Otfried: *Politische Gerechtigkeit*. Grundlegung einer kritischen Philosophie von Recht und Staat, Frankfurt a. M. 1987.

Hoerster, Norbert (Hoerster I): *Ethik und Interesse*, Stuttgart 2003.

Hoerster, Norbert (Hoerster II): *Sterbehilfe im säkularen Staat*, Frankfurt a.M. 1998.

Hoerster, Norbert [Hrsg.]: *Recht und Moral*. Texte zur Rechtsphilosophie, Stuttgart 2002.

Kant, Immanuel: *Die Metaphysik der Sitten*, in: I. K., *Werke in Sechs Bänden*, hrsg. von Wilhelm Weischedel, Bd.4, Darmstadt 1963.

Kelsen, Hans (Kelsen I): *Reine Rechtslehre*. Mit einem Anhang: Das Problem der Gerechtigkeit, 2.Aufl., Wien 1960.

Kelsen, Hans (Kelsen II): *Allgemeine Theorie der Normen*, Wien 1979.

Kriele, Martin (Kriele I): *Grundprobleme der Rechtsphilosophie*, Münster 2004.

Kriele, Martin (Kriele II): *Rechtspflicht und die positivistische Trennung von Recht und Moral*, Österreichische Zeitschrift für Öffentliches Recht 1966, S.413ff.

Larenz, Karl (Larenz I): *Deutsche Rechtserneuerung und Rechtsphilosophie*, Tübingen 1934.

Larenz, Karl (Larenz II): *Volksgeist und Recht*, Zeitschrift für Deutsche Kulturphilosophie 1935, S.40ff.

Larenz, Karl (Larenz III): *Richtiges Recht*. Grundzüge einer Rechtsethik, München 1979.

Ott, Walter: *Der Rechtspositivismus*. Kritische Würdigung auf der Grundlage eines juristischen Pragmatismus, 2.Aufl., Berlin 1992.

Radbruch, Gustav: *Gesamtausgabe. Rechtsphilosophie III*, Heidelberg 1990.

Ross, Alf: *On Law and Justice*, London 1968.

Schönke/Schröder, *Strafgesetzbuch*. Kommentar, 27.Aufl., München 2006.

Walter, Robert (Walter I): *Hans Kelsens Rechtslehre,* Baden-Baden 1999.

Walter, Robert (Walter II): *Diskussionsbeitrag,* in: Robert Walter, Clemens Jabloner und Klaus Zeleny (Hrsg.), *30 Jahre Hans Kelsen-Institut,* Wien 2003, S.93f.

I 기타 참고문헌 I

Adomeit, Klaus: *Rechtstheorie für Studenten,* 4.Aufl., Heidelberg 1998.

Braun, Johann: *Rechtsphilosophie im 20. Jahrhundert.* Die Rückkehr der Gerechtigkeit, München 2001.

Brieskorn, Norbert: *Rechtsphilosophie,* Stuttgart/Berlin/Köln 1990.

Bydlinski, Franz: *Juristische Methodenlehre und Rechtsbegriff,* 2.Aufl., Wien 1991.

Coing, Helmut: *Grundzüge der Rechtsphilosophie,* 5.Aufl., Berlin/New York 1993.

Henkel, Heinrich: *Einführung in die Rechtsphilosophie,* 2.Aufl., München 1977.

Hoeren, Thomas und Stallberg, Christian: *Grundzüge der Rechtsphilosophie,* Münster 2001.

Hofmann, Hasso: *Einführung in die Rechts- und Staatsphilosophie,* 3.Aufl., Darmstadt 2006.

Horster, Detlef: *Rechtsphilosophie zur Einführung,* Hamburg 2002.

Kaufmann, Arthur: *Rechtsphilosophie,* 2.Aufl., München 1997.

Kaufmann, Matthias: *Rechtsphilosophie,* Freiburg/München 1996.

Koller, Peter: *Theorie des Rechts.* Eine Einführung, 2.Aufl., Wien 1997.

Pfordten, Dietmar von der: *Rechtsethik,* München 2001.

Röhl, Klaus Friedrich: *Allgemeine Rechtslehre,* 2. Aufl., Köln 2001.

Rüthers, Bernd: *Rechtstheorie.* Begriff, Geltung und Anwendung des Rechts, Tübingen 2005.

Schapp, Jan: *Freiheit, Moral und Recht* — *Grundzüge einer Philosophie des Rechts,* Tübingen 2005.

Seelmann, Kurt: *Rechtsphilosophie,* 3.Aufl., München 2004.

Smid, Stefan: *Einführung in die Rechtsphilosophie des Rechts,* München 1991.

Zippelius, Reinhold: *Rechtsphilosophie,* 4.Aufl., München 2003.

▍옮긴이 후기 ▍

법학이나 법철학에 조금이라도 관심이 있는 사람에게 "법실
증주의", "법실증주의자" 또는 "법실증주의적"이라는 표현은 항
상 부정적 의미를 갖고 있다고 여겨지는 것이 일반적이다. 예를
들어 법실증주의가 "악법도 법이다"는 명제*를 지지하는 몹쓸
이론이라든가, 권력에 기생하여 불법국가의 폭압적 지배까지도
정당화하는 이론이라는 식의 인식이 널리 퍼져 있다. 심지어 법
실증주의는 저주의 대상이 되기도 한다. 이는 비단 우리나라뿐만
아니라, 유럽에서도 마찬가지여서 어떤 법(철)학자가 자신이 "법
실증주의자"라고 자처하는 일은 어쩌면 위험한 모험이 될 수도
있다.

그렇지만 20세기가 낳은 위대한 법철학자인 하트(H.L.A.
Hart)와 켈젠(H. Kelsen)이 모두 법실증주의의 관점에서 자신들의
법철학적 이론을 전개했다는 사실은 법실증주의에 대한 그런 식
의 단순한 이해방식에 무언가 문제가 있지 않을까 하는 의문을
갖게 만들기에 충분하다. 어떻게 그러한 "나쁜" 이론에 학자로서
한 평생을 바칠 수 있는지를 묻게 되기 때문이다.

회르스터의 책 「법이란 무엇인가?」는 이러한 단순한 의문에
어느 정도 답을 주기에 충분한 역할을 해줄 것 같다. 지은이 본
인이 "법실증주의자"를 자처하는 극소수의 독일 법철학자들의 선
두주자인데다, 대학 강단을 떠난 이후 어느 정도 거리를 두고 자
신의 학문적 여정을 관찰하는 태도를 취하고 있을 뿐만 아니라,
일반인까지도 독자층으로 염두에 두면서 서술하고 있기 때문이

---

* 흔히 소크라테스가 했다고 하는 이 말을 둘러싼 오해와 이해에 관해
  서는 권창은/강정인, 「소크라테스는 악법도 법이라고 말하지 않았다」,
  고려대학교 출판부, 2005년 참고.

다. 이러한 배경에서 원래 이 책의 부제인 "법철학의 기본문제
(Grundfragen der Rechtsphilosophie)" 대신 "어느 법실증주의자가 쓴
법철학 입문"이라고 바꾸었다. 물론 켈젠 비판과 같이, 켈젠의
이론에 익숙하지 않은 경우에는 결코 이해하기 쉽지 않은 부분
이 있지만, 전반적으로 다른 문헌을 과도하게 많이 인용하여 책
읽기를 방해하거나, 끝없이 난삽한 개념을 열거하는 서술방식을
피하고 있어, "입문서"라는 표현을 붙이기에 큰 어려움은 없을
것으로 믿는다. 그렇지만 몇 가지 용어와 관련해서는 약간의 설
명이 필요할 것 같다.

첫째, 법규범에 대한 구별을 시도하면서 특정한 개인을 대상
으로 하는 규범 — 예컨대 "갑은 을에게 100만 원을 지급하여야
한다"— 을 개별규범(Individualnorm)이라고 부르고, 불특정 다수를
대상으로 하는 법규범 — 예컨대 일반적인 법률 — 을 사회규범
(Sozialnorm)이라고 부른다. 옮긴이의 생각으로는 후자의 사회규범
은 일반규범(generelle Norm)이라고 부르는 것이 더 적절하다고 여
기지만, 원저자의 일관된 용어사용법을 존중하여 일단 원어에 충
실하게 "사회규범"으로 번역했다.

둘째, 이 책 전반에 걸쳐 상당히 중요한 의미를 갖고 또 지은
이 자신이 이미 20년이 넘게 고수하고 있는, "유효성(Gültigkeit)"
과 "효력(Geltung)"의 구별과 관련하여, 전자는 어떤 법규범이 법
질서의 최상위 규범인 헌법으로부터 직접 또는 간접적으로 도출
될 수 있음을 뜻하고, 후자는 특정한 수범자가 법규범을 인정한
다는 것을 뜻한다. 이러한 용어사용법은 개념정의를 위한 회르스
터 자신의 독자적인 제안일 뿐, 일상 독일어나 법률가들의 전문용
어 사용법에 전혀 일치하지 않는다. 무엇보다 독일어 "Geltung"
이라는 단어가 우리말로는 효력, 타당성, 유효성 등을 모두 포괄
할 뿐만 아니라, 철학사의 관점에서도 헤르만 로체(Hermann Lotze)

이후의 신칸트학파에서 극히 복잡한 이론적 처리대상이 되었다는
사정도 이 단어의 번역에 어려움이 따른다. 이 점에서 유효성/효
력이라는 번역이 반드시 우리말 의미론에 부합한다고 생각하지는
않으며, 단지 지은이와 마찬가지로 일상언어 또는 전문언어와는
관계없이 법규범의 이해와 관련하여 그런 식의 의미구별이 가능
하다는 사실만을 이해하면 충분하다고 본다.

　　지은이 회르스터가 취하고 있는 법실증주의는 ─ 그가 여러
문제와 관련하여 켈젠을 비판하고 있는 내용에서도 알 수 있듯
이 ─ 상당 부분 하트의 법실증주의에 기초하고 있다. 최근 켈젠
의 법실증주의를 이론적 출발점으로 삼고 있는 오스트리아의 법
학자 로베르트 발터(Robert Walter)가 회르스터의 법실증주의를 비
판하는 글을 실으면서 두 사람 사이에 논쟁이 불붙어, 지면상으
로 반박과 재반박을 주고받고 있는 사실*도 곁가지로 지적해 두
고 싶다. 법실증주의 내부에서 일종의 "가족싸움"을 벌이고 있는
셈이다. 이러한 논쟁적 속성 역시 법실증주의의 전형적인 특성에
속하고, 그 때문에 법실증주의는 자연법론에 대해 늘 도발을 일
삼곤 한다. 그 점에서 회르스터의 이 책이 주로 자연법적 논의가
압도하는 우리 법철학의 분위기 속에서 "지피지기"의 구실을 할
수 있기를 바라 본다. 그리고 지은이와 같은 생각을 갖고 있기
때문에 어떤 책을 옮기는 것은 아니라는, 너무나도 당연한 얘기
도 덧붙이고자 한다.

---

　* Robert Walter, Eine neue Theorie des Rechtspositivismus? in: Recht, Moral,
　　Faktizität. Festschrift für Walter Ott, 2008, S.105ff.; Norbert Hoerster,
　　Hans Kelsens Grundnormlehre kritisch betrachtet, Juristische Zeitung
　　2008, S.1023ff.; R. Walter, Erwiderung. Hans Kelsens Grundnormlehre
　　richtig betrachtet. Zu Norbert Hoerster JZ 2008, S. 1023, in, Juristische
　　Zeitung 2009, S.250; N. Hoerster, Schlußwort, Juristische Zeitung 2009,
　　S.251.

끝으로 오랜 유학생활 때문에 자주 어색한 우리말 표현을 쓰곤 했는데, 초고를 꼼꼼히 읽어 우리말을 가다듬고 내용에 대해서도 많은 지적과 의문을 제기해 준 충북대학교 대학원 박사과정의 이새라 씨에게 고마움을 전하며, 신속한 출판을 위해 수고해 주신 세창출판사 여러 분들께도 의례적인 인사를 넘어 깊이 감사드린다.

지은이 **노베르트 회르스터**(Norbert Hoerster)는 1937년 독일 링엔(Lingen)에서 태어난 법학자이자 철학자이다. 1963년에 영국 옥스퍼드의 미시간 대학에서 철학석사, 1964년에 독일 뮌스터 대학에서 법학박사, 1967년에 보훔 대학에서 철학박사 학위를 받았으며 1972년에 뮌헨 대학에서 교수자격을 취득했다. 1974년부터 1998년까지 독일 마인츠 대학의 법철학 및 사회철학 교수를 역임했다. 그는 영미 자유주의와 무신론적 세계관에 깊은 영향을 받아, "법실증주의자"를 자처하면서 독일사회의 전통적 질서에 대항하는 도발적인 발언을 자주 한 것으로 유명하다. 특히 낙태, 배아연구, 안락사와 같은 사회적으로 민감한 주제에 대해 오스트레일리아의 철학자 피터 싱어(Peter Singer)와 유사한 입장을 취하면서, 자신의 강의나 세미나가 경찰의 보호하에 이루어져야 할 정도로 "학문적 자유"에 심각한 위협을 느끼게 되자, 정년을 5년여 남겨두고 강단을 떠나게 된다. 그 이후 자신의 세계관을 여러 주제들에 접목시켜 활발한 저술활동을 하고 있다. 주요저작으로는 「공리주의 윤리학과 일반화」(1971), 「세속국가에서의 낙태」(1991), 「신생아와 생명권」(1995), 「세속국가에서의 안락사」(1998), 「배아보호의 윤리학」(2002), 「윤리학과 이익」(2003), 「동물도 존엄을 갖고 있는가?」(2004), 「신에 대한 물음」(2005), 「도덕이란 무엇인가?」(2008) 등이 있다.

옮긴이 **윤재왕**은 1964년 광주에서 태어나, 광주고등학교, 고려대학교 법학과와 철학과를 졸업하고 독일 자브뤼켄 대학과 프랑크푸르트 대학에서 법학과 철학을 공부했으며, 프랑크푸르트 대학 법학과에서 "법효력과 승인(Rechtsgeltung und Anerkennung)"이라는 주제로 박사학위를 받았다. 번역서로는 「라드브루흐 공식과 법치국가」(Frank Saliger 지음, 2000), 「법철학」(Kurt Seelmann 지음, 2000), 「인간질서의 의미에 관하여」(Werner Maihofer 지음, 2003), 그리고 김규완과 함께 옮긴 「독일법개념사전」(Barbara Wagner 지음, 2002)이 있다. 현재 고려대학교 법과대학에서 강사로 일하고 있다.

법이란 무엇인가?

2009년 4 월 15일   초판 인쇄
2009년 4 월 20일   초판 발행
저 자 노베르트 회르스터
역 자 윤 재 왕
발행인 이 방 원
발행처 세창출판사
　　　　서울 서대문구 냉천동 182 냉천빌딩 4층
　　　　전화 723 · 8660   팩스 720 · 4579
　　　　E-mail: sc1992@empal.com
　　　　Homepage: www.sechangpub.co.kr
　　　　신고번호 제300-1990-63호

정가 17,000 원

ISBN 978-89-8411-269-8 93360

【원전】 Was ist Recht? — Grundfragen der Rechtsphilosophie
by Norbert Hoerster
ⓒ Verlag C.H.Beck oHG, München, 2006